# 職務発明制度 Q&A

## 平成27年改正 特許法・ガイドライン 実務対応ポイント

編著◆経団連産業技術本部

監修◆弁護士 片山英二／弁護士 服部 誠

［編集協力］経団連・知財協合同職務発明検討プロジェクト
　　　　　　ワーキンググループ

# はしがき

　平成27年7月、2年余りの議論を経て、改正特許法が成立し、職務発明（従業者が職務として行った発明）に対する権利関係を定める職務発明制度について見直しがはかられました。

　わが国の職務発明制度は、企業にとってリスクやコストが大きな、他国と比べても珍しい制度であり、紛争が起こりやすい仕組みであることから、これまでもたびたび問題点を指摘され、部分的な見直しは行われてきました。

　しかし、今回、大正10年法以来の90年ぶりの大改正が成し遂げられました。また、企業が自ら考え出した発明を促進する手立てを、できるかぎり尊重するための指針（ガイドライン）も作られました。こうした動きは、自社に最も適した戦略を推し進めていきたいという企業の背中を、力強く押してくれるものといえます。

　今回の法改正により、企業の選択の自由は広がりましたが、それをどれだけ活かしていけるかは、企業にかかっています。

　与えられた翼を大きく羽ばたかせ、高く、そして遠くまで飛んで行くため、企業には、知恵と工夫と、飛び立つ勇気が求められています。そのような、わが国企業が、未知の世界に飛翔していく羅針盤となることを目指して、本書を執筆しました。

　発刊にあたっては、片山英二弁護士、服部誠弁護士に監修頂くとともに、「経団連・知財協 合同職務発明検討プロジェクト　ワーキンググループ」メンバーからも示唆に富んだ指摘や執筆への協力を頂きました。経団連知的財産委員会の皆様にも、議論への参加や提言のとりまとめを通じ、本改正に向けてご尽力を頂きました。この場を借りて

御礼申し上げます。

　本書が、新しい時代の、新しい知財戦略を構築するための参考となり、そしてわが国企業のイノベーション創出の手助けとなることを、願ってやみません。

　平成28年5月

一般社団法人　日本経済団体連合会
常務理事　根本　勝則

# 目 次

はしがき
本書の読み進め方 …………………………………… 9

## Ⅰ　Q&A編

### 第1章　職務発明制度とは何でしょうか …………… 12

Q1：特許とは何でしょうか？ ……………………………… 12
Q2：職務発明制度の概要を教えてください ……………… 14
Q3：今回の改正前の特許法はどのような問題を抱えていたのですか？ …………………………………………………… 16
Q4：今回の改正前の特許法に基づく代表的な職務発明訴訟にはどのようなものがありますか？ ……………………… 19

### 第2章　法改正と帰属の変更 ……………………… 21

Q5：今回の改正で何が変わったのでしょうか？ ………… 21
Q6：法人帰属とするにはどうすればいいのですか？ …… 23
Q7：従業者帰属とするにはどうすればいいのですか？ … 26
　　フローチャート：帰属と相当の利益付与の流れ ……… 27
Q8：従業者帰属のままとするメリットやリスクを教えてください …………………………………………………… 28

### 第3章　「相当の利益」とは ………………………… 30

Q9：「相当の利益」と「相当の対価」との違いは何でしょうか？ … 30
Q10：「その他の経済上の利益」とはどのようなものでしょうか？ … 33

Q11：「相当の利益」の不合理性の判断はどのようになされるのでしょうか？ ………………………………………………………… 36

# 第4章　訴訟リスクを下げるために ……………………… 38

Q12：訴訟リスクをゼロにすることはできますか？ …………… 38

Q13：訴訟が起こるリスクや訴訟が起こった場合に負うリスクを減らすにはどうすればいいでしょうか？ ……………… 39

# 第5章　社内ルールづくり①——指針に従う効果 ……… 41

Q14：指針はどのような目的で定められたのでしょうか？ …… 41

Q15：具体的にはどのようなことを定めているのでしょうか？ … 43

Q16：指針にはどのような効力があるのでしょうか？ ………… 45

Q17：指針を見てもどんな社内ルールをつくればいいのかわかりません ………………………………………………………… 46

# 第6章　社内ルールづくり②——策定にあたって ……… 48

Q18：社内ルールは必ずつくらなくてはいけないのでしょうか？ ………………………………………………………… 48

Q19：複数のルールをつくることはできるのでしょうか？ …… 49

Q20：新しく社内ルールを個別につくるか、すでにある社内規程等に入れ込むか、どちらがいいでしょうか？ …………… 50

Q21：法改正に伴い、社内ルールを新たに策定する場合、元の社内ルールと一本化することはできますか？ ………………… 52

Q22：社内ルールを運用するうえで最も気をつけるべきことは何でしょうか？ ……………………………………………… 53

Q23：誰と、どのように協議する必要があるのでしょうか？ … 55

Q24：十分な説明を行っても、従業者が納得せず繰り返し協議

を求められる場合にはどうすればいいでしょうか？……… 57
　Q25：誰に、どのように開示する必要があるのでしょうか？…… 58
　Q26：見ていない（見る気がない）人はどうすればいいのでしょうか？……………………………………………………………… 60
　Q27：誰から、どのように意見聴取をする必要があるのでしょうか？……………………………………………………………… 63
　Q28：十分な説明を行っても納得せず、繰り返し質問・意見を出される場合にはどうすればいいでしょうか？ ………… 65
　Q29：新入社員についてはどのように対応すればいいですか？… 67
　Q30：退職する人についてはどのように対応すればいいですか？……………………………………………………………… 69
　Q31：派遣労働者についてはどのように対応すればいいですか？……………………………………………………………… 70
　Q32：中小企業にとってはいろいろ大変そうなのですが…？…… 71

# 第7章　応用編 ……………………………………………………… 73

　Q33：特許出願しなくても、「相当の利益」を受ける権利は生じますか？　社内ルールの対象ですか？ ………………… 73
　Q34：特許出願しなかった発明に対する「相当の対価」をめぐる裁判にはどのようなものがありますか？ ……………… 74
　Q35：社内ルールにノウハウについて定める場合、どのようなことに気をつければいいでしょうか？ ………………… 78
　Q36：税務に関する取り扱いは変更されるのでしょうか？……… 81
　Q37：外国に出願するときはどのようなことに気をつければいいでしょうか？ …………………………………………… 83
　Q38：紛争化のおそれがあるときはどうすればいいでしょうか？ ……………………………………………………………… 86

Q39：わからないことや、困ったことについて、相談できるところはありますか？ ……………………………………… 87

# Ⅱ　資料編
　特許法第35条第6項の指針（ガイドライン） ……………………… 90
　指針に関するQ&A ………………………………………………… 110

# 索　引

表紙デザイン──矢部竜二

# 本書の読み進め方

### ■ 本書のねらい

　本書は、改正特許法の施行にあたり、職務発明制度の創設や改定、運用をしていく上で、疑問に思うことやわかりにくいと思われる点について、Q&A形式でまとめたものです。

　知財部門の方だけではなく、総務・人事部門の方にも参考となるよう、簡明で平易な表現を心がけました。順番に読み進めても、知りたい部分のみ拾い読みして頂いても結構です。

　本書が制度の策定・改定・運用において、少しでもお役に立てれば幸いです。

### ■ 用語の使い方について

　職務発明制度に関係する法令等においては、同じ言葉が文脈によって異なる意味で使われていたり、同じ意味でも異なる文言が使われていたり、やや混乱しやすくなっています。

　そこで、引用箇所以外では、実際に法令等では使われていない言葉をあえて統一的に使用していることもあります。以下は言葉の意味に関する補足です。本書を読み進めるうえで参考にしてください。

○　（特許を受ける権利の帰属に関する）「意思表示」：

　　改正によって可能となった、特許を受ける権利を発生と同時に法人に帰属させるという会社としての方針を示すことです。契約等で明示する、社内ルールに盛り込む、イントラネットに表示するなど、形式は問われません。相当の利益の内容を決定する手続きとは別に定めても、同じルール内に定めてもよいとされます。従業者帰属とするという意思表示も可能です。

- 指針（ガイドライン）：

  正しくは「特許法第三十五条第六項に基づく発明を奨励するための相当の金銭その他の経済上の利益について定める場合に考慮すべき使用者等と従業者等との間で行われる協議の状況等に関する指針」といいます。略称としては「特許法第35条第6項の指針」とされていますが、「職務発明ガイドライン」単に「ガイドライン」とも呼ばれます。本書は、「指針」で統一します。

- 社内ルール：

  相当の利益を決定する手続き等について定めたものを総称して、本書では「社内ルール」と統一しています。個別のルールとして設けた場合は「職務発明規程」「社内規程」などと呼ばれることが多いですが、労働協約や就業規則に盛り込むことも可能です。指針（ガイドライン）では、（相当の利益の内容を決定する）「基準」とされています。特許を受ける権利の帰属については別途定めても構いません。就業規則などの既存の社内の決めごとについては「社内規程等」などと表現しています。

# I Q&A編

# 第1章　職務発明制度とは何でしょうか

## Q1：特許とは何でしょうか？

- ○　特許法の目的である「発明の奨励と産業の発達」に資する発明が特許発明となりうる
- ○　あえて秘匿する発明も

### ■　特許とは

　特許を取得した発明[*1]は特許法上「特許発明」とされ、特許法のもとで独占的な利益を得ることができます。

　すべての発明が特許を取得できるわけではなく、特許を受けるためには、一定の条件を満たす必要があります。その条件は、特許法の目的が「発明の奨励と産業の発達」にあることと深くかかわっています。

　特許を取得するための条件は以下のとおりです。

- ○　産業上利用することができること…学術的・実験的にしか活用できない発見は、産業の発達に寄与するとはいえないため、特許法の保護を受けることができません。
- ○　新規性…出願前に広く知られた発明に独占的利益を付与することは、さらなる発明を通じた産業の発達を阻害するため、特許法の保護を受けることができません。
- ○　進歩性…技術の発展に寄与しているとはいえない発明は、特許法の保護を受けることができません。
- ○　先願性…特許を取得すると独占的な利益を得られるので、ほかの人が先に出願した発明は特許法の保護を受けることができません。

---

1「自然法則を利用した技術的思想の創作のうち高度のもの」（特許法第2条）

■ **企業の戦略によっては秘匿することも**

　特許を取得した発明については、一定期間独占的な利益を得る代わり、その技術内容は公開されます。これも、その技術が広く社会に利用されることにより、さらなる発明が生まれることを促進し、産業の発達に寄与するという特許法の目的にかなうものです。

　しかしながら、技術内容が公開されることで、自社技術の競争力が損なわれるおそれも生まれます。そこで、あえて特許を取得せず、会社のなかで秘匿するという戦略をとることがあります。

　秘匿された発明は、さらなる発明を通じた産業の発達という社会的な要請に応えたとはいえませんので、原則として特許法上の保護を受けることはありません。そのため、技術内容が流出すると取り返しがつかなくなるので、社外に漏洩しないよう、しっかり保護しておくことが大切です。

## Q2：職務発明制度の概要を教えてください

- 職務発明制度とは、職務発明に関する権利関係について定めたもの
- 職務発明とは、従業者が職務上行った発明
- 発明は必ず個人が行うもの

### ■ 職務発明制度とは

わが国における職務発明制度とは、従業者に発明のインセンティブを与えるとともに、使用者に研究開発投資のインセンティブを与えることで発明を奨励し、もって産業の発達に寄与することを目的とし、従業者や役員（以下、「従業者」）が職務上行った発明（職務発明[*2]）に関する権利関係について定める制度です。特許法の第35条において規定されています。

### ■ 今回の改正より前の職務発明制度

今回の改正より前は以下のような仕組みとなっていました。

- 職務発明についての特許を受ける権利は、まず発明者である従業者に発生する（従業者帰属）。法人が特許出願をする際には、特許を受ける権利を当該従業者から法人が譲り受ける必要がある。
- 従業者は、特許を受ける権利を法人に譲渡した場合、「相当の対価」を請求できる権利を有する。

ここで、実際に発明を特許出願・登録し、実施していく企業は、従業者から特許を受ける権利を譲り受けるという構造になっています。

---

2 職務発明とは、従業者が会社における職務のなかで行った発明を指す。会社の業務と関係なく行った発明は自由発明と呼ばれ、職務発明と扱いが異なる。

しかし、職務上行った発明は企業の研究開発投資の結果として生まれるものであり、企業がその権利を活用して製品やサービスに展開するのが一般的です。また、特許は出願・登録だけでなく、維持していくにも費用がかかります。そのため、職務発明による特許を受ける権利を、従業者が保有し続けるニーズはほぼありません。そのため、諸外国では、職務発明の特許を受ける権利は、はじめから法人に帰属する構造（法人帰属という。権利の発生時点から法人に帰属することを強調する際は、「原始法人帰属」）を採用しているところが多数です。

■ 通常実施権と予約承継に関する規定

上記のとおり、改正前は従業者から特許を受ける権利を譲り受けるという仕組みをとっていた一方で、特許法は、ビジネスの現場において迅速且つ円滑な知財の活用を可能とするため、「通常実施権」と「予約承継」に関する規定を設けていました。

通常実施権とは、特許を受ける権利を取得していない場合であっても、自社内で生まれた職務発明について、会社は通常の範囲において無償で実施（生産・使用等）する権利です。

また、職務発明に限って、あらかじめ特許を受ける権利については従業者から会社が譲り受けることを定める「予約承継」規定を設けることができるとされていました。

■ 法人発明と特許を受ける権利の法人帰属との違い

発明を行うことができるのは個人とされ、発明者を企業や研究機関とすること（法人発明）はできません。今回の改正で、原始法人帰属が認められたのは、あくまでも特許庁に特許を出願する「特許を受ける権利」であり、発明そのものではありません。

# Q3：今回の改正前の特許法はどのような問題を抱えていたのですか？

- ○ 「相当の対価」の法的予見可能性が低かった
- ○ 多様なインセンティブ施策へのニーズに対応できなかった
- ○ 特許を受ける権利についての帰属に不安定性があった

### ■ 約90年変わらなかった構造

　職務発明制度は、従業者帰属とした大正10年の旧特許法から、昭和34年制定の現特許法に受け継がれ、ほとんど変わらないまま長らく維持されてきました。しかし、「相当の対価」についての訴訟の提起が相次いだことから、平成16年に特許法第35条が改正されました（以下「平成16年法」）。しかし依然として、以下に述べるような問題を抱えていました。

### ■ 「相当の対価」をめぐる争いを惹起しやすい

　平成16年改正前の特許法では、職務発明の「相当の対価」は、「その発明により使用者等が受けるべき利益の額」および「その発明がされるについて使用者等が貢献した程度」を「考慮して定めなければならない」（平成16年改正前の特許法第35条第4項）とされていました。「その発明により使用者等が受けるべき利益の額」は、職務発明の「相当の対価」についての訴訟において、発明が実施された後に使用者が現実に受けた利益に基づき判断されており、使用者の予見可能性は極めて低い状態でした。

　平成16年法では、この問題を解決するため、対価の額の合理性よりも、従業者からの意見聴取等の「相当の対価」を決定する手続きの合理性を判断要素として重視することにしました。具体的には、勤務規則等で相当の対価について定める場合は、「対価を決定するための基

準の策定に際して使用者等と従業者等との間で行われる協議の状況、策定された当該基準の開示の状況、対価の額の算定について行われる従業者等からの意見の聴取の状況等を考慮して、その定めたところにより対価を支払うことが不合理と認められるものであつてはならない。」という旨の第35条第4項を新設しました。

　しかし、以下の理由から、使用者の予見可能性は依然として低いといわざるを得ない状況でした。

- ○　「協議」、「開示」および「意見の聴取」をどこまで行えば「不合理」とされないか、「手続きが妥当であっても、金額次第で不合理とされるか」「条文中の『…意見の聴取の状況等を…』の、『等』とは何か」などといった、手続き重視の具体的内容が未だ不明確で、不合理性判断の法的予見可能性が低いこと。
- ○　訴訟が提起され、もし「不合理」とされれば、相当の対価の額は裁判所の判断に委ねられることとなり、「その発明により使用者等が受けるべき利益の額、その発明に関連して使用者等が行う負担」等の算定がむずかしいこと。

■　「相当の対価」のあり方に課題

　職務発明に対するインセンティブとしては、使用者から発明者に対する「相当の対価」という金銭の給付だけに限らず、金銭以外の給付で行う等、幅広い形で行われることも認められるべき、とのニーズがありました。これに対して、平成16年法第35条第3項は、主として金銭の給付を想定した規定となっていたことから、このようなニーズへの対応が困難でした。

■　特許を受ける権利についての帰属に不安定性があった

　平成16年法においては、特許を受ける権利の帰属に不安定性がある、との指摘がされていました。具体的には、下記の例が挙げられていました。

○ 共同開発等で、自社の従業者である発明者が、他社や大学、研究機関等の発明者と共同で発明をなした場合、その自社の発明者が、特許を受ける権利の自己の持ち分を自社に譲渡しようとすると、ほかの共有者の同意を得なければ譲渡することができません（特許法第33条第3項）。そのため、自社の従業者等との取り決めだけでは、使用者は自らの従業者の特許を受ける権利の持ち分すら自らに承継できないという問題がありました（共同研究における課題）。

○ 特許出願前における特許を受ける権利の承継については特許出願が第三者への対抗要件となっています（特許法第34条第1項）。すなわち、使用者が職務発明について特許を受ける権利を従業者からあらかじめ承継していたとしても、当該従業者が当該使用者等以外の第三者にも特許を受ける権利を二重に譲渡し、当該第三者が当該使用者よりも先に特許出願をした場合には、当該使用者は当該第三者に原則としては対抗することができないという問題がありました（二重譲渡問題）。

## Q4：今回の改正前の特許法に基づく代表的な職務発明訴訟にはどのようなものがありますか？

- オリンパス事件
- 日亜化学工業事件

### ■ オリンパス事件（最高裁第三小法廷判決平成15年4月22日）

　この事件では、オリンパス光学工業において、発明者である原告が、ビデオディスクプレーヤーのピックアップ装置を発明しました。そして、使用者である被告に特許を受ける権利を承継し、被告が特許権を取得しましたが、原告が、被告から支給された相当の対価の金額が、平成16年改正前の特許法第35条第3項および第4項の規定に従って定められる相当の対価の額に満たないとして、訴えたものです。

　事件は、最高裁判所まで争われましたが、最高裁判所は「勤務規則等に定められた対価は、…その対価の額が同条第4項の趣旨・内容に合致して初めて同条第3項、第4項所定の相当の対価に当たると解することができる。したがって、…勤務規則等に、使用者等が従業者等に対して支払うべき対価に関する条項がある場合においても、これによる対価の額が同条第4項の規定に従って定められる対価の額に満たないときは、同条第3項の規定に基づき、その不足する額に相当する対価の支払を求めることができると解するのが相当である。」と述べて、上告人（一審被告）に対し、被上告人（一審原告）に対する不足額の支払いを命じました。

　この判決では、勤務規則等で相当の対価の支払いを取り決め、支払っていても、特許法の規定に従って定められる対価の額に満たないときは、不足額を請求できる、とされたことから、その後の職務発明訴訟に大きな影響を与えました。

## ■ 日亜化学工業事件（東京地裁判決平成16年1月30日、控訴審で和解）

　この事件は、青色LEDに関する発明をした原告が、使用者である被告に対して特許を受ける権利を譲渡していないこと、仮に譲渡がなされていたとしても、被告から支給された相当の対価の金額が、平成16年改正前特許法第35条第3項および第4項の規定に従って定められる相当の対価の額に満たないことを理由として訴えたものです。裁判では原告の特許発明が青色LED開発にどの程度寄与したかも争点となりました。

　一審の東京地裁は、「原告は被告会社に対し本件特許発明についての職務発明の相当対価として604億3006万円の請求権を有する。」としたうえで、原告が請求の一部として求めた200億円（利息除く）の支払いを命じました。

　しかし、二審の東京高裁では、一審で争われた1件の特許権だけでなく、191件の特許、4件の登録実用新案、112件の特許出願、これらに対応する外国特許および特許出願にかかる発明、並びに特許出願されずにノウハウとして秘匿された発明について、その相当の対価の和解金として、6億857万円を基本として算定されるべきとの、「和解についての当裁判所の考え」が示され、和解が成立しました。

　この事件は、一審判決の約600億円というあまりにも高額な認定額と二審の和解金額との差の大きさから、「相当の対価」の予見可能性の低さを示すものとして、大きな話題となりました。

## 第2章　法改正と帰属の変更

## Q5：今回の改正で何が変わったのでしょうか？

- ○　法人帰属とすることも認められた
- ○　発明者に付与するのは「対価」でなく「相当の利益」に
- ○　新設された指針で予見可能性が向上

### ■　すべての企業に対応を求める改正ではない

今回の改正は、企業にとって、特許を受ける権利の帰属先や、従業者に対するインセンティブ策について、企業の自主性を尊重し、多様なあり方を許容するものとなっています。そのため、今回の改正法が施行されても、特段の対応が不要な会社も多くあります。改正によって何かが義務づけられたわけではありません。

### ■　帰属については契約や規程等の確認を

法人は、特許を受ける権利の原始的な帰属先を法人か従業者か、選択できることとなりました。会社の規模や戦略、その他の事情を総合的に考えて、より適切と考えられる方を選択するとよいでしょう。

なお、改正法施行をもって、契約や社内の規程等の書きぶりによっては、今現在の原始的な帰属先が変わるので、一度は確認しましょう。

### ■　「対価」から「相当の利益」へ

発明者に付与するのは「特許を受ける権利の相当の『対価』」ではなく、発明に対するインセンティブであることを明確にするとともに、金銭以外の経済上の利益を認めるという趣旨から、「相当の利益」となりました。各社におけるインセンティブ施策がより尊重されることから、施策に対する創意工夫への促進効果が期待されます。

■ 社内ルールと指針との整合性の確認を

　経済産業大臣は、発明を奨励するために、「特許法第三十五条第六項に基づく発明を奨励するための相当の金銭その他の経済上の利益について定める場合に考慮すべき使用者等と従業者等との間で行われる協議の状況等に関する指針」（以下、「指針」）を定めることとなりました。

　具体的には、「相当の利益」を決定するための社内ルールについて、その策定や改定にあたっての従業者との「協議」、従業者に対する周知としての「開示」、個別の利益付与における従業者からの「意見聴取」というプロセスにおいて、どういったことに気をつけて行うべきかといったことが記載されています。

　この指針に従って社内ルールを策定し、「協議・開示・意見聴取」の手続きを踏めば、原則として適切に従業者を処遇したとされ、あらゆる事情を勘案して「相当の利益」の内容が裁判所によって決定される第35条第7項の適用を受けなくなるため、企業にとっての予見可能性が向上しました。

　ただし、社内ルールの策定や運用によっては、裁判所が相当の額を算定する予測不能な状況に陥るリスクはゼロになるわけではありません。

# Q6：法人帰属とするにはどうすればいいのですか？

- ○ 特段の手続きを経ずに法人帰属となる会社も
- ○ 帰属の如何を問わず既存の規程は文言の確認を
- ○ 帰属の変更に際して従業者との協議は不要

### ■ 意思表示を新たに行う場合

　法人帰属とするには、「契約等においてあらかじめ使用者等に特許を受ける権利を取得させることを定めること」が必要です。「契約等」にはあらゆる形式の定めが含まれ、また意思表示する方法としても社内イントラネットなどさまざまな形式が認められます。

　具体的には、以下のような規定を盛り込むことなどが考えられます。

> ［規定例］職務発明については、その発明が完成したときに、会社が特許を受ける権利を取得する。

### ■ 意思表示がすでになされている場合

　すでに有している社内の規定によって、法人帰属とする意思表示があるとされる場合もあります。法第35条第2項に基づき、あらかじめ法人に特許を受ける権利を承継させる定め（予約承継）があれば、「あらかじめ使用者等に特許を受ける権利を取得させる」意思表示がなされたものとし、改正法の施行と同時に、当該企業は法人帰属となります。

　具体的には、以下のような規定が法人帰属の意思表示となりうると考えられます[*3]。

> ［規定例］職務発明については、その発明が完成したときに、会社が発明者から特許を受ける権利を承継する。

---

3 特許庁総務部総務課制度審議室編『平成27年特許法等の一部改正 産業財産権法の解説』（以下、「解説」）14頁参照

ただし、実際に裁判で争われた場合には、条項の内容だけでなく、ほかの事情（使用者による条項の意味についての従業者への説明の有無やその内容等）が考慮されて、法人帰属の意思表示となりうるかどうかが判断される可能性があります。

■　法人帰属となる意思表示と判断されない場合

予約承継規定があるから、特段の対応なしに法人帰属に移行するはず――そう思い込んでいて、いざ争いが起こった際に「あなたの会社は従業者帰属です」と認定されては、多くの前提が崩れて大変です。

意思表示において気をつけるべきことは、会社が特許を受ける権利を取得するにあたり、何らかのプロセス（例：会社による取得の個別の意思表示、発明者からの個別の権利移転手続き）を要するような文言を入れないことが重要です。

以下の規定の場合は、法人帰属とする意思表示とは判断されません。

［規定例］①発明者は、職務発明を行ったときは、会社に速やかに届け出るものとする。
　　　　②会社が前項の職務発明にかかる権利を取得する旨を発明者に通知したときに、会社は当該職務発明にかかる権利を承継する。

上記は、「会社は当該職務発明にかかる権利を承継する」ために、会社の「通知」を必要なプロセスとしているため、異説はありますが、法人帰属とする意思表示でないとされると考えられます。

■　法人帰属とするにあたり、従業者との「協議」は不要

法人帰属とする意思表示を行うことについては、第35条第5項に定められている従業者との協議や、従業者の合意を得ることは必要ありません。すでに有している規定等の文言等を改定する場合（予約承継規定における権利移転を想起させる「承継」などの文言を「取得」「帰属」などの文言に変更する）についても同様です。

■ 従業者帰属と併用する場合はその旨も明示

　一つの会社のなかで、異なる帰属を混在させることも可能です。例えば、以下のような場合が考えられます。

- ○ 経営戦略的に法人帰属を希望する企業において、いわゆるスーパー研究者[*4]をヘッドハントする目的で、「特許を受ける権利を従業者等に帰属させること」を相手に有利な条件として提示し招聘するため、限定的に従業者帰属を希望する場合。
- ○ 従業者帰属を希望する大学において、企業との共同研究や国プロジェクトなどで生じた発明につき、限定的に法人帰属を希望する場合。

その場合、すでに挙げた規程例に加え、以下のような文言を追記することが考えられます。

> ［規定例］ただし、特許を受ける権利の帰属につき、別途契約がある場合は、当該契約が優先される。

あるいは、別途の個別契約に「…規程に拘わらず」とあれば、当該従業者との間では従業者帰属とできると考えられます。

---

4 例えばノーベル賞級の発明をしたような、高い能力と実績で知られる研究者のこと。

# Q7：従業者帰属とするにはどうすればいいのですか？

- 帰属に関する規定がなければそのままで従業者帰属に
- 予約承継の規定ぶりによっては法人帰属となることも

### ■ 予約承継規定がない場合

今回の改正後も従業者帰属のままでいたい場合、予約承継規定がない場合は、法人帰属とする意思表示がないとされるため、従業者帰属のままとなり、特段の対応は必要ありません。

### ■ 予約承継規定がある場合

従業者帰属のままとしたいにもかかわらず、法人帰属とする意思表示と見られるような予約承継規定を有していた場合は、改正法施行と同時に法人帰属となってしまうこともありうるので注意が必要です。これを従業者帰属とするには、別途「従業者帰属とする意思表示」が必要です。

具体的には、以下のような規定が従業者帰属の意思表示とされます。

[規定例] 職務発明については、発明者が特許を受ける権利を取得する。会社は発明者の同意を得て、特許を受ける権利を承継することができる。

もしくは、以下のような文言でも可能です。

[規定例] 職務発明については、会社が職務発明にかかる権利を取得する旨を発明者に通知したときに、会社は当該職務発明にかかる権利を承継する。

上記は、発明が生まれた後、会社による発明者に対する通知がなければ権利を承継しない旨が読み取れますので、従業者帰属とする意思表示となります。

**フローチャート：帰属と相当の利益付与の流れ**

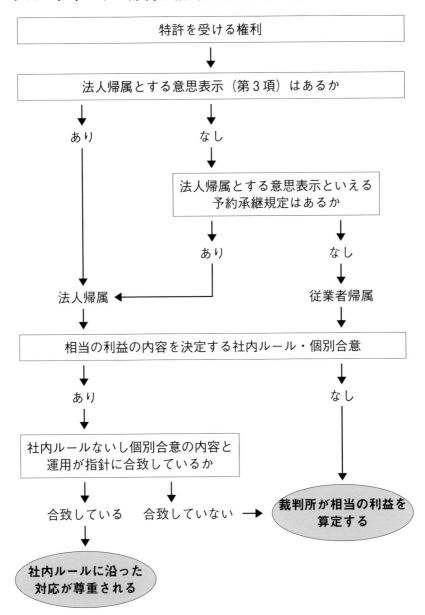

## Q8：従業者帰属のままとするメリットやリスクを教えてください

- ○ 従業者帰属のほうが戦略や実態に合致することも
- ○ 権利移転に伴うリスクが残るため、特に中小企業は注意

### ■ 企業戦略上、従業者帰属のままとすることも十分考えられる

　今回の改正では、企業の選択肢を増やし、法人帰属とすることが可能となっただけではなく、従業者帰属のままとすることも認められました。特許を受ける権利を従業者に原始的に帰属させ、会社が権利譲渡を受ける形式を残すこと自体を、従業者に対するインセンティブ策とし、従業者優遇の姿勢を強調することも十分に考えられるでしょう。

　なお、原始法人帰属としつつ、特定の従業者については、契約により従業者帰属とすることも可能です。

### ■ 中小企業にとってはいずれが好ましい？

　中小企業においては、知財人員が決して十分ではなく、新第35条第6項の指針に沿った規程を創設・整備することは容易ではないことから、従業者帰属のままとするニーズがある[*5]とされました。

　しかし、上記の理由から中小企業にとっては従業者帰属が望ましいと考えるのは、やや早計でしょう。

① まず、法人帰属とする手続きは簡単です。契約その他によって法人帰属とする「意思表示」があれば足り、就業規則や個別の「職務発明規程」に規定しなければならないわけではありません。社内イントラネットや掲示板での周知でも足りるとされています。

---

5 「職務発明制度の見直しに際しての円滑な移行に関する意見」（日本商工会議所、平成26年9月）
http://www.jpo.go.jp/shiryou/toushin/shingikai/pdf/newtokkyo_shiryou009/04.pdf

② 次に、従業者帰属を選ぶことは前述のとおり、自社の規模・業種・業態・社内風土などを総合的に勘案し、十分とり得る戦略ですが、これまで述べてきたとおり、従業者帰属には共同研究における課題や二重譲渡問題など権利移転に伴うリスクが存在しており、そのリスクは知財の専門部員が必ずしも確保できていない中小企業にこそ潜在しているといえます。

③ 特許を受ける権利の原始的な帰属が法人と従業者のいずれかにかかわらず、相当の利益をめぐる争いになった場合、新第35条第6項の指針に沿った「相当の利益」規定があれば、争点を金額以外の手続きの適正性に絞り込むことができると考えられます。

　こうしたことを踏まえれば、中小企業こそ、法人帰属へ移行することが望ましく、かつ、できれば簡単で最低限の社内ルールを用意してリスクを削減できるよう、行政による周知啓発活動が重要になってくるといえるでしょう。

# 第3章 「相当の利益」とは

## Q9：「相当の利益」と「相当の対価」との違いは何でしょうか？

- 「相当の利益」となったことで、対価性という概念はなくなり、発明に対するインセンティブであることが明確化
- 金銭に限らない

### ■ 改正前の「相当の対価」

　平成16年改正前の第35条第3項において、「従業者等は、契約、勤務規則その他の定めにより職務発明について使用者等に特許を受ける権利若しくは特許権を承継させ…たときは、相当の対価の支払を受ける権利を有する。」とされており、従業者は「相当の対価」を受ける権利がある旨定められていました。平成16年改正の前から、上記対価請求権について、厳密な譲渡対価ではなくインセンティブとして十分であれば足りるとして、ある程度柔軟に決定することを認める見解もありましたが、平成16年改正によっても「対価」という言葉が残ってしまい、「売買代金」というニュアンスを含んでいるため、使用者がインセンティブの付与という目的に従って柔軟に給付内容を決定することになじまないところがあるとの指摘[*7]もありました。

---

[6] 東京高裁和解平成17年1月11日判例時報1879号141頁、東京地裁判決平成18年3月9日判例時報1948号136頁参照。前者は「そのような職務発明の特許を受ける権利の譲渡の相当の対価は、従業者等の発明へのインセンティブとなるのに十分なものであるべきであると同時に、企業等が厳しい経済情勢及び国際的な競争の中で、これに打ち勝ち、発展していくことを可能とするものであるべきであり、さまざまなリスクを負担する企業の共同事業者が好況時に受ける利益の額とは自ずから性質の異なるものと考えるのが相当である。」とする。

[7] 大渕哲也「職務発明に関する喫緊の課題」一般財団法人知的財産研究所編『企業等における特許法第35条の制度運用に係る課題及びその解決方法に関する調査研究報告書』(平成26年2月)454〜455頁

■ 新法における「相当の利益」

今回、平成27年法第35条第4項において、従業者は「相当の対価」ではなく、「相当の利益」を受ける権利を有することとなりました。

この「対価」という文言が「利益」と変えられたことにより、従業者に付与するのは厳密な譲渡対価ではなく、インセンティブであるという性質が明確化されたといえるでしょう。複数の専門家も「職務発明に関する発明者の権利が、『特許を受ける権利』の承継の対価ではないことを明確化したものといえる」、「従業者の権利が政策的なインセンティブであることを明確にし、使用者が柔軟かつ多様なインセンティブ施策を実現することを可能とするものといえる」等と指摘しています。[8]

■ 金銭に限らない

これまで対価の内容については「金銭」のみに限られると解されていましたが、「相当の対価」から「相当の利益」に変わって、対価性という概念がなくなったことにより、金銭以外のものも含めてよいことになりました（Q10参照）。これにより、イノベーションを促進するために自社の企業戦略に応じた柔軟なインセンティブ施策を講じることができるようになりました。また、各社において様々なインセンティブ施策が創意工夫される余地ができたため、他社と比較してより魅力的なインセンティブ施策を考案する契機となることも期待されます。

---

8 高橋淳「特集 知的財産法制の動向と課題〈職務発明における「相当の利益」〉」ジュリスト1488号（2016年）24頁
　横山久芳「職務発明制度の見直しに係る平成27年特許法改正法案の検討」Law & Technology 68号（2015年）40頁
　片山英二・服部誠「特集 知的財産法制の動向と課題〈職務発明制度の改正について〉」ジュリスト 1488号（2016年）22頁
　「〈座談会〉職務発明規定の改正」Law & Technology 69号（2015年）11頁以下

■ 従業者帰属を選んだ場合の「相当の利益」の性質は？

　平成27年法は、原始法人帰属の場合に限らず、特許を受ける権利や特許権を承継する場合にも、従業者の権利を「相当の利益」を受ける権利として構成しているため、平成27年法は職務発明にかかる従業者の権利を一貫してインセンティブととらえている、との見解[*9]が示すとおり、従業者帰属の場合にも、「相当の利益」の性質は原始法人帰属の場合と変わらないといえます。

　また、法人帰属とした会社が、法人帰属とする意思表示を改めて行っているか、あるいは改正前からの予約承継規定を法人帰属とする意思表示とみなされて施行と同時に法人帰属となったか、いずれによっても、相当の利益の性質は同じです。

■ チームへの報奨も可能

　「解説」の16頁の注釈に「従業者等のチーム全体を報奨するものであっても、対象者として発明者を含む場合には、使用者等の従業者等に対する義務が履行されている」と記載されていることからも、対象者として発明者を含む場合には、チームへの報奨は可能とされています。

　ただし、発明者以外については特許法第35条の相当の利益には当たらないため、社内における仕組みづくりの際には、課税取り扱いも含め、注意が必要です。

---

9 前掲注8 横山

## Q10：「その他の経済上の利益」とはどのようなものでしょうか？

○ 「経済上の利益」には、金銭以外のものも含まれる
○ 経済的価値を有すると評価できるものであることおよび従業者等が職務発明をしたことを理由としていることが必要

### ■ 経済的価値を有するとともに、職務発明を理由とすることが必要

平成27年法において、その他の経済上の利益として、金銭以外の経済上の利益であっても、使用者等の従業者等に対する義務が履行されたものと認められることとなりました。

ただし、指針の第三.一.1に、以下の二つの要件が示されています。

○ 経済的価値を有すると評価できる必要があります。例えば、表彰状のように相手の名誉を表するだけのものは含まれません。
○ 従業者等が職務発明をしたことを理由としている必要があります。すなわち、従業者等が職務発明を生み出したことと関係なく発明がなされる以前から決定していた留学や昇進については「その他の経済上の利益」には含まれません。

### ■ その他の経済上の利益の具体例

金銭以外のその他の経済上の利益の付与として、指針の第三.一.3に以下が例示されています。

(1) 使用者等負担による留学の機会の付与
(2) ストックオプションの付与
(3) 金銭的処遇の向上を伴う昇進又は昇格
(4) 法令及び就業規則所定の日数・期間を超える有給休暇の付与
(5) 職務発明に係る特許権についての専用実施権の設定又は通常実施権の許諾

もちろん、「その他の経済上の利益」はこれらに限定されるものではなく、各社でイノベーションを促進するために自社の企業戦略に応じた柔軟なインセンティブ施策を講じることができます。

■　研究施設の整備は「その他の経済上の利益」に該当するか？

　最先端の分野における研究開発において成果をあげるには、もちろん研究者たちの努力あってこそではありますが、相応の機器や資材、それらを適切に用意するための予算、快適な環境がそろっていることも、大きく影響します。そのため、最新の研究機器、機材の導入や研究費の増額などの研究施設の整備については、研究者にとっては嬉しい環境改善となるでしょう。

　しかし、そうした措置が「その他の経済上の利益」にあたるかどうかは、専門家においても意見が分かれる部分であり、注意が必要になります。

　整備された研究施設を利用できることは、発明者個人が享受できるサービスという利益であり、使用者が経済的負担をすることによるもののため、「その他の経済上の利益」に該当すると考えるべき[10]、という見解があります。一方、研究施設の整備は労働者個人に権利として帰属するとはいえないものであるとして、「その他の経済上の利益」には該当しない[11]、もしくはグレーゾーンである[12]、という見解も存在します。

　そのため、研究施設の整備が「その他の経済上の利益」に該当するかどうかは一概には断定できず、さまざまなリスクを検討したうえで、「その他の経済上の利益」の内容を決める必要があります。

---

10　前掲注8 高橋
11　水町勇一郎「職務発明の法制度設計における基本的視点」季刊労働法250号（2015年）62頁
12　「産業構造審議会知的財産分科会　第13回特許制度小委員会議事録（平成27年10月23日）」21頁（土田道夫委員発言箇所）
　　http://www.jpo.go.jp/shiryou/toushin/shingikai/pdf/tokkyo_seido_menu/newtokkyo_013.pdf

■ **衆参両院における附帯決議について**

国会附帯決議にて、「職務発明制度に係る相当の利益については、現行の職務発明制度における法定対価請求権と実質的に同等の権利であることが保障される」ことが必要と挙げられています。

前提として、国会の附帯決議とは「立法府が行政府に対し、法律を執行するにあたっての留意事項を示したもの[*13]」であり、法的効力はありません。そのため、この附帯決議をもって民間企業が経済上の利益付与にあたって何らかの拘束を受けるということはありません。

今回の指針は、この附帯決議で示された考え方も踏まえて行政府が策定したものであり、企業としては指針に従ってインセンティブ策を講じれば、何ら問題ないということになります。もっとも、今回の改正の趣旨でもあるイノベーション促進の観点からは、従業者のインセンティブの引き下げにはならないような施策を検討することが重要です。

なお、ここでいう「実質的に同等」とは額が同等（等価）という意味ではありません。つまり、個別のケースにおいて改正前と全く同じ内容の経済的な利益を付与することは求められていません。

---

13 参議院委員会の活動 (1) 法律案の審査
http://www.sangiin.go.jp/japanese/aramashi/keyword/katudo01.html

## Q11：「相当の利益」の不合理性の判断はどのようになされるのでしょうか？

- ○ 協議・開示・意見聴取の手続きの状況が適正か否かを検討
- ○ 手続きが適正と認められる限りは、社内で定められた職務発明規定の定めを尊重

### ■ 指針に記載されている原則

指針の冒頭に「特許法第三十五条第五項の規定により不合理であると認められるか否かの判断においては、同項に例示する手続の状況が適正か否かがまず検討され、それらの手続が適正であると認められる限りは、使用者等と従業者等があらかじめ定めた契約、勤務規則その他の定めが尊重される」と記載されているとおり、指針に基づいた適正な手続きを踏んでいる限り、不合理性は否定されることが原則です。つまり、指針に従って適正な手続きを踏んでいる限り、基本的に企業は自由にインセンティブ施策を講じることができ（例えば、実績報奨は不可欠ではない）、裁判所はその結果を尊重します。[*14]

そのため、企業においては社内規定を設け、これを運用するにあたっては、指針に基づいた適切な協議・開示・意見の聴取等の手続きを行うことが重要です。

### ■ 協議・開示・意見の聴取の手続きが適正に行われなかった場合

特許法第35条第5項における協議・開示・意見の聴取のいずれかが欠けた場合や不十分であった場合には、基本的には不合理性は肯定される方向に働くと考えられます。

---

14 産業構造審議会知的財産分科会特許制度小委員会委員でもあった井上由里子教授は「平成27年職務発明制度改正についての一考察」特許研究60号（2015年）24頁～25頁にて、「手続に不合理性がなければ、相当利益の内容にかかわらず裁判所による事後審査を否定すべきである。」と記している。

しかし、協議・開示・意見の聴取の手続きが適正に行われなかったとしても、その他の手続きの状況や相当の利益の内容によっては不合理性が否定されることも考えられます。

# 第4章　訴訟リスクを下げるために
## Q12：訴訟リスクをゼロにすることはできますか？

> ○　あらゆる訴訟提起の可能性をゼロにすることはできない
> ○　リスクを下げるため今回の改正を最大限活用

### ■ 改正による手立ても、訴訟リスクを「下げる」ものに過ぎない

　特許を受ける権利を原始法人帰属とすれば、従業者から「特許を受ける権利は私のものだ」と主張され、帰属をめぐって争うことは防ぐことができます。また、指針に沿った社内ルールの策定・運用により、「相当の利益が不十分だ」と追加支払いを求める争いも防げます。

　しかし、これらの手立てを行っていたとしても、争いそのものを起こすことは可能であり、裁判における争点（お互いの主張が食い違っている点）を減らしたり、裁判に負けるリスクを減らしたりすることができるだけなのです。

### ■ どんな争いを起こされる可能性がある？

　上記の前提を覆す主張が通れば、訴訟リスクを減らす手立てが無駄になってしまいます。

　例えば、「法人帰属とする意思表示に不備があるので、この会社は従業者帰属。発明者の私に特許を受ける権利がある」との主張が認定されると、この発明者が第三者に特許を受ける権利を譲渡し、第三者が出願・登録を行うことが可能となってしまいます。

　同様に、社内ルール自体が指針に合致していない、運用が指針に合致していない、そもそも職務発明でないという理由で争いを起こすことが可能です。

## Q13：訴訟が起こるリスクや訴訟が起こった場合に負うリスクを減らすにはどうすればいいでしょうか？

> ○ 各種の「訴訟リスクを下げる手立て」を確実に遂行
> ○ 「譲渡証／帰属確認書」や発明者とのやりとりなどの記録の保存
> ○ インセンティブ施策は手続きが簡明なものに

### ■ せっかくの「リスクを下げる手立て」の効果を受けるために

　手間隙をかけて行った「訴訟リスクを下げる手立て」でも、（いざ）争いになったときに、その効果を享受できないのでは意味がありません。

　法人帰属としている場合は、意思表示が確実に行われていることを確認しましょう。

　社内ルールについては指針に合致しているかどうかを確認するとともに、その社内ルールに沿った運用がなされているかどうか、担当者への周知啓発を怠らないようにしましょう。

### ■「譲渡証／帰属確認書」の取得を

　従業者帰属としている場合は、社内ルールにもよりますが、特許出願前に発明者から会社が特許を受ける権利を譲り受ける「譲渡証／帰属確認書」などを取得しておき、特許を受ける権利を譲渡されたことが証明できるようにしておきましょう。予約承継の定めがあっても取得しておくほうが無難です。

　また、わが国においては法人帰属としていても、海外へ出願する場合は、特許を受ける権利を取得する必要があります。海外の特許も取得する可能性があるならば、外国の特許を受ける権利を取得する「譲渡証／帰属確認書」を用意すべきです。

■ インセンティブ施策については簡素化を

　特許法制定当時からこれまでの間、厳密に対価性を求めていたことによって、社内の職務発明制度が複雑・難解になっていることもあるでしょうが、それは運用のコストやリスクを高めてしまう原因となります。インセンティブ施策については、できれば手続きがわかりやすい、簡易なものとしておくとよいでしょう。

　例えば、指針において退職者に対して一括の払いきりが認められましたが、引き続き勤務する従業者に対しても、毎年の実績に応じて報奨を付与するのではなく、一括で払いきりのかたちとするといったことも考えられ[*15]、事務コストを減らすとともに、従業者としても一度に多額の報奨を受け取ることによる満足感を得ることができます。いかに従業者にとってのインセンティブの最大化を図るかは、会社ごとの創意工夫のしどころですが、今回の改正で自主性・多様性が認められるようになったことを踏まえ、一度見直してみてもよいかもしれません。

　もちろん、社内ルールの変更にあたっての協議等のプロセスは確実に踏んでいく必要があります。

---

15 指針第二．一．3（二）

# 第5章　社内ルールづくり①—指針に従う効果

## Q14：指針はどのような目的で定められたのでしょうか？

- 「要は何をすればいいか」を示す
- 使用者と従業者の双方にとって予見可能性の向上

### ■　予見可能性の向上による発明の奨励

　指針については、第35条第6項に、「経済産業大臣は、産業構造審議会の意見を聴いて、第35条第5項の規定により考慮すべき状況等に関する事項について指針を定め、公表する」旨規定されました。この規定が新設されることにより、この指針が裁判規範として尊重されることが期待され、従来に増して、法的予見可能性が高まります。すなわち、指針に則った手続きを踏んで社内ルールを定め、相当の利益を付与している限り、第35条第5項の不合理性が否定され、第35条第7項の適用を受けることはありません。[*16]

　そして、企業の研究開発活動が推進されることにより、発明が奨励され、イノベーションが促進されることが期待されます。

### ■　使用者等と従業者等とが行うべき手続きの種類と程度の明確化

　では、予見可能性を高めるために、指針はどのようなことを定めているのでしょうか。

　社内ルールで相当の利益の内容を決定する手続きについて定める場合、第35条第5項に規定される使用者と従業者との協議の状況等を考慮して、「その定めたところにより相当の利益を与えること」が不合理であってはならないとされます。[*17] つまり、特定の職務発明にかかる相

---

16 「解説」16頁、19頁

当の利益の内容が決定されて付与されるまでの全過程が総合的に判断されることとなります。

　ただし、不合理性の判断においては、同項に規定される使用者と従業者との協議の状況等が適正か否かがまず検討されるものとされました。それらの手続きが適正であると認められる限りは、あらかじめ定めた社内ルールが尊重される（不合理性が否定される）こととなりました。

　そこで、指針で適正な手続きの具体的内容、すなわち使用者等および従業者等が行うべき手続きの種類と程度が明確にされました。これにより、いかなる手続きを行えばよいのか、使用者と従業者の双方にわかるようになり、予見可能性が向上したのです。

---

17　不合理であると認められる場合には、相当の利益の内容は、その発明により使用者等が受けるべき利益の額等を考慮して定められる（第35条第7項）。

# Q15：具体的にはどのようなことを定めているのでしょうか？[*18]

- 指針に則った手続きを踏んでいる限り、社内ルールを尊重
- 条文の「協議の状況」等についての具体的内容
- 金銭以外の経済上の利益を与える場合の手続きのあり方
- 中小企業における手続き等

## ■ 指針に沿った手続きを踏めば、社内ルールが尊重される旨を明示

第35条第5項の不合理性の判断においては、同項に例示された手続きの状況が適正か否かがまず検討されるとの趣旨が明確にされました。

- 適正な「協議」を経て社内ルールを定めているか。
- 適正に社内ルールを「開示」しているか。
- 個別事案において、適正に「意見聴取」をしているか。

これらの手続きを適正に行ったうえで「相当の利益」を与えた場合には、同項の不合理性が否定されるという原則が明示されました。

## ■ 「協議の状況」等についての具体的手続きの内容

第35条第5項に規定された「相当の利益の内容を決定するための基準の策定に際して使用者等と従業者等との間で行われる協議の状況」、「策定された当該基準の開示の状況」、「相当の利益の内容の決定について行われる従業者等からの意見の聴取の状況」等について、「どこまで丁寧な手続きをとったら適正といえるか」といった手続きの程度が具体的に明示されました。

---

18 「解説」18～19頁

■　金銭の利益以外を与える場合の手続きのあり方

　第35条第4項において、「相当の対価」が「相当の金銭その他の経済上の利益」と改められたことにより、企業戦略に応じて柔軟なインセンティブ施策を講じることが可能となりました。例えば、留学の機会の付与やストックオプションの付与等の金銭以外の経済上の利益の付与であっても、使用者等の従業者等への義務が履行されたものとなりました。こうした金銭以外の「経済上の利益」を与える場合の手続きのあり方についても明示されています。

■　中小企業における手続き等

　中小企業における手続き等について、例えば、「事務効率や費用等の観点から、その企業規模に応じた方法で、協議等手続きを行うことが考えられる」等、実態に鑑みた手続きが許容されることが明示されました。

# Q16：指針にはどのような効力があるのでしょうか？

- ○ 裁判所を拘束するわけではない
- ○ 法的な根拠を有するため、尊重されることが期待される
- ○ 指針に沿った社内ルールでなくとも罰則等はない

### ■ 裁判所を拘束しないが、尊重される期待は高い

　指針は、経済産業大臣が定めたものであり、国会の審議を経たものではないので、裁判所を拘束するものではありません。

　しかし、ほかの行政のガイドラインと比較すると、法第35条第6項に法的な根拠を有する点で、裁判所の判断のよりどころとして活用されることが強く期待されます。最近の判例[19]においても、指針で踏むべき手続きとして重視している「協議」「開示」「意見聴取」について、「一般的に、適正な手続のための基本的要素である」との見解が示されており、指針の考え方と合致します。第35条第7項が適用され裁判所が相当な額を算定する予測不能な状況に陥るリスクを極力減らすためにも、指針に従った社内ルールの策定と運用が重要になってくるのです。

### ■ 従わなくとも罰則はない

　裁判所が判断のよりどころとするにしても、もちろん企業活動を直接縛るものではありません。指針に従っているとはいえない社内ルールを策定した場合でも、それだけで罰則を受けたり、注意や指導を受けたりすることはありません。ただし、指針に従わず、相当の利益の支払いが不合理であると判断されると第7項の適用を受けることに注意が必要です。

---

19　野村證券事件（知財高裁判決平成27年7月30日）

# Q17：指針を見てもどんな社内ルールをつくればいいのかわかりません

○　具体的に盛り込むことが必須な事項はほぼない
○　指針はあくまで相当の利益付与の「手続き」を定めたもの

### ■　社内ルールに記載が必須な事項はない

　指針のなかには、「社内ルールでは、必ず○○について記載しなくてはならない」といったような記述はほとんどありません。実際、「ある特定の具体的内容が定められている必要があるわけではない」と記述されています。

　それでは、どのように定めれば、指針に合致した社内ルールが策定され、当該ルールに従って相当の利益を付与したとされるか、すなわち、第35条第7項の適用を受けることなく、裁判においても会社の判断が尊重されるのでしょうか。

### ■　指針は社内ルールの"つくり方"の「指針」ではない

　前提として、指針において上記のような書き方がされている理由を確認しましょう。

　社内ルールの策定から、実際に相当の利益を付与するまでに必要なプロセスは以下のとおりです。

① 従業者との「協議」を通じて社内ルールを策定する。
② 社内ルールを従業者に「開示」する。
③ 個別の発明において社内ルールに沿って相当の利益を付与するにあたり、対象となる従業者から「意見聴取」する。

　この「協議」「開示」「意見聴取」それぞれのプロセスが個別の発明ごとに適正に行われていることが求められるわけですが、それは「全過程の事情を総合的に判断する」とされています。社内ルールに一定

の制度が設置されているか否か、特定の文言が盛り込まれているか否かといったような形式的な要素では判断できません。
　つまり、指針では社内ルールをどうつくるかではなく、適正なプロセスをどう進めるかが示されているに過ぎないのです。しかし、プロセスを適正に進めるために、共有しておくべき考え方や整備していたほうがよい仕組みなどについて、多くのヒントやアイディアが示されています。過度な負担を背負うことなく、賢く使っていきましょう。

# 第6章　社内ルールづくり②―策定にあたって

## Q18：社内ルールは必ずつくらなくてはいけないのでしょうか？

> ○　社内ルールの策定は必須ではない
> ○　契約による場合も不合理でないか審査されうる

### ■　個別に契約することも可能

　指針第二．一．2（一）に「基準は必ず策定しなければならないわけではない。例えば、職務発明がされる頻度が少ない等の理由により、相当の利益の内容を決定するための基準をあらかじめ定めることなく、個々の職務発明ごとに、相当の利益の内容を使用者等と発明者である従業者等との間の契約で取り決めることもできる。」とあるように、個別に契約することも可能です。

　例えば、職務発明がされる頻度が少ない場合や、いわゆるスーパー研究者への処遇を個別に定める場合は、契約によることも十分に考えられます。

### ■　社内ルールを策定したときと同じような注意を

　指針第二．一．3（四）に「使用者等と従業者等との間で個別の合意をし、かつ、その合意が民法その他の法令の規定により無効とされない限り、基準と異なる方法で相当の利益の内容を使用者等と当該従業者等との間で個別に決定することもできる。この場合においても、不合理性の判断は、あくまで協議の状況、開示の状況、意見の聴取の状況等を考慮して行われる。」とあるように、個別に契約で定める場合も、社内ルールの策定と同じように手続きが適正に行われているかという審査がなされ得ることに注意しなくてはいけません。

## Q19：複数のルールをつくることはできるのでしょうか？

- 使用者が複数のルールをつくることは可能
- その場合、複数のルールの適用関係についての明確化が必要

### ■ 使用者が複数のルールをつくることも可能である

指針第二.一.2（二）に「基準は一つである必要はなく、同一の使用者等が複数の基準を策定することもできる。例えば、管理職と非管理職、研究職と非研究職、研究分野が相違する者、事業所が相違する者等のように性質の異なる従業者等の区分が存在する場合、それぞれの区分に応じて、異なる基準を策定することもできる。また、同一の従業者等がした異なる職務発明について、発明の内容等に応じて、異なる基準を策定して適用することもできる。」とあるように、使用者において複数のルールをつくることも可能です。

### ■ 複数のルールの適用関係について明確化を

ただし、この場合、将来の訴訟リスクを低減する意味でも、複数のルールについて使用者等と（当該ルールの適用を受ける）従業者等が適切に協議を行い、契約その他の定めにおいて、複数のルールの適用関係について明確にしておく必要があります。

## Q20：新しく社内ルールを個別につくるか、すでにある社内規程等に入れ込むか、どちらがいいでしょうか？

- ○ 既存の社内規程等に入れ込む場合には改定部分だけではなく、影響が及ぶ部分についても協議が必要
- ○ 就業規則等に盛り込む場合は、労働法の規制に服することに注意

### ■ 既存の社内規程等に入れ込むことは可能

指針第三.二.1に「基準の改定は、改定される部分については新たな基準を策定するのと同様である。したがって、不合理性の判断において、不合理性が否定される方向に働くようにするためには、基準の改定に際しても従業者等の意見が踏まえられるよう、実質的に改定される部分及び改定により影響が生ずる部分について、使用者等と従業者等との間で協議を行うことが必要である。」とあるように、新たにルールを策定するのではなく、既存の規程の改定を行うことも可能です。

既存の社内規程の改定というかたちをとったとしても、相当の利益決定のための社内ルールを変更するのであれば、社内ルールを新規策定した場合と同じく、「策定にあたっての協議」は必要です。

### ■ 既存の社内ルールが本指針に整合しているかどうか

今回の告示された指針に照らし、指針告示前に策定された社内ルール部分が不合理とされるかどうかは、訴訟リスクを低減したいと考える企業において看過できない重要な問題です。平成16年法下の「手続事例集」に則っていれば問題ないはずですが、念のために本指針を確認し、既存の社内ルールの策定手続きが本指針に適合していないようであれば、新規のルールとして改めて協議を行っておくべきでしょう。

### ■ 労働協約や就業規則に盛り込むことも可能

　指針第二.一.2（四）に「法第三十五条第五項に規定されている契約、勤務規則その他の定めの中には、労働協約や就業規則も含まれる」とあるとおり、社内ルールを労働協約や就業規則で定めることも可能です。ただし、「この場合、労働協約や就業規則…に定められた内容について労働法上の効力が発生する」点に注意が必要です。

### ■ 社内ルールを労働協約・就業規則に盛り込むリスクに注意

　上記の労働法上の規制は、特許法の規制とは別に課されるものなので、抵触していないかを専門家によく確認する必要があります。

　そのため、これらに職務発明の社内ルールを盛り込む場合は、労使交渉を担当する部署の専門家も含めて関連部門と連携し、労働法上の規制が加わることについて十分に考慮したうえで判断すべきでしょう。

## Q21：法改正に伴い、社内ルールを新たに策定する場合、元の社内ルールと一本化することはできますか？

> ○ 社内ルールの一本化は原則できない

■ 新規定による社内規定の一本化は原則できない

　今回の法改正に伴い、新しい社内ルールをつくる場合に、旧社内ルールとの関係はどうなるのでしょうか。多くの企業にとって社内ルールが新旧併存することはできれば避けたいところでしょう。

　しかし、指針第三.二.2では、「職務発明に係る権利が使用者等に帰属した時点で相当の利益の請求権が当該職務発明をした従業者等に発生するため、その時点以後に改定された基準は、改定前に使用者等に帰属した職務発明について、原則として適用されない。」と記載されており、新ルールによる社内ルールの一本化は原則できません。

■ 例外的に遡及適用が可能な場合

　ただし、指針には二つの遡及適用が可能な事例の記載があります。
- ○ 別途従業者等との間で個別に合意している場合（すでに従業者等個人に相当の対価請求権が発生しているため、職務発明をする従業者の代表者と使用者等との間で行われる協議では足りないと解されています）。
- ○ 改定後の社内ルールを改定前に使用者等に帰属した職務発明について適用することが従業者にとって不利益とならない場合。

　後者の場合、あくまでも個々の発明者の利益を対象とし、例えば会社としての報奨金額の総額が維持もしくは増額していても個人単位で減額するようなものは許容されないと考えられます。

## Q22：社内ルールを運用するうえで最も気をつけるべきことは何でしょうか？

- 従業者が社内ルールを見たり意見を言ったりする「機会の保障」を確実に
- 従業者の意見には「真摯な対応」で臨む

### ■ 重要なのは「機会の保障」と「真摯な対応」

　協議・開示・意見聴取の各場面で気をつけることは次項以降に譲りますが、それぞれのプロセスで最も気をつけるべきことは、「機会の保障」と「真摯な対応」です。この二つがきちんと行われていない場合、当該事案における相当の利益の付与について、不合理と判断されるおそれが高まります。

　指針は、研究活動に対するインセンティブについて創意工夫が発揮されるよう定められたものであり、当事者の自主性を尊重するという基本姿勢に立っています。その基礎となるのが、当事者間で適正な手続きを踏んで話し合いが行われることにあり、従業者における意見発信やルール確認の「機会の保障」や使用者の「真摯な対応」は適正な手続きを踏んだことの重要なポイントです。

　そのため、従業者の「機会の保障」や使用者の「真摯な対応」がなければ、当事者の自主性を尊重するより、付与されるべき相当の利益について、公平中立な立場からの検証が必要と判断されるのです。

### ■ 従業者にとっての「機会の保障」

　社内ルールを策定ないし運用する場面において、せっかく意見を受け付ける仕組みがあっても、「意見があったのに出せなかった、出し方がわからなかった」という不満が出るのは避けたいところです。また、社内ルールを開示していても「見られなかった、どうやって見れ

ばいいか知らなかった」という苦情が出ては意味がありません。

　従業者が意見を出せる場面では、しっかりとそのことを知らせるとともに、意見の出し方も伝えましょう。ルールを開示した場合も、ただ開示するだけではなく、開示したことと確認の仕方についての周知を徹底しましょう。

　従業者の意見発信やルール確認の「機会の保障」は、不合理性判断で最も大事なポイントです。

### ■ 使用者側の「真摯な対応」

　「協議」もしくは「意見聴取」のいずれのプロセスにおいても、従業者から意見を受け取ったら、これに対して「真摯な対応」を行うことが求められます。何をもって「真摯」であると判断するかはむずかしいところですが、いずれのプロセスにおいても、従業者と合意を得ることまでは必須とされていません。

　すべての従業者が心から納得するまで協議や意見聴取を尽くす必要まではなくても、例えば反対意見をすべて聞き置くだけ、とはせず、事務効率や費用の面から合理的な範囲内で、従業者とコミュニケーションをとり、理解を得られるように努めることが重要であるといえます。

## Q23：誰と、どのように**協議**する必要があるのでしょうか？

- 社内ルールが適用される対象者すべてに「機会の保障」を
- 協議の方法に制約はない
- 「真摯な対応」により、実質的に協議が尽くされることが重要

### ■ 協議の相手

社内ルールの策定にあたっては、適用される従業者と協議を行う必要があります。訴訟になった場合には、協議が適正に行われたかどうかについては、職務発明をした従業者と会社の間の具体的な協議の状況に基づき個別に判断されます。

### ■ 協議の方法

協議の方法に制約はありません。指針には、一人一人と個別に、あるいは一堂に会して話し合いを行う方法、イントラネットの掲示板や電子会議等を通じて集団的に話し合いを行う方法、従業者が代表者を通じて話し合いを行う方法、会社が代理人を通じて話し合いを行う方法が記載されています。

ただし、従業者が代表者を通じて話し合いを行う場合は、従業者がその代表者に対し協議について明示または黙示に委任している必要があります。代表者に委任していない従業者がいた場合は、その人にも協議を行う「機会の保障」をするため、原則として別途話し合いを行う必要があります。

### ■ 協議の程度

指針によれば、協議の結果、会社と従業者の間で社内ルールについて合意をするか、合意に至らなかった場合でも実質的に協議が尽くされたと評価できれば不合理と判断されない方向に働くと記載されてい

ます。したがって、従業者に十分に意見を述べることができる仕組みをつくるなどの「機会の保障」を行い、出された意見に対し会社から回答するという仕組みを設け、次の例のように「真摯な対応」をすることが重要となります。

■　適正な協議の例

　指針では、集団的話し合いによる適正な協議の例として、対象者全員に協議の案内をして、あるいは各発明部門にある委員会等を通じて従業者に社内ルール案の内容を説明し、欠席者を含む従業者にも意見を提出する「機会の保障」を行い、提出された意見に対し会社から回答を提示して説明し、必要に応じてその従業者からの再意見に対しても同様の対応を行うなどの「真摯な対応」をする方法が記載されています。すなわち、社内ルール案の内容が説明され、対象者全員に意見を提出する「機会の保障」を行い、従業者からの意見や再意見に対し会社が回答するという「真摯な対応」がとられていれば、協議の状況として不合理と判断される可能性は小さいと考えられます。

## Q24：十分な説明を行っても、従業者が納得せず繰り返し協議を求められる場合にはどうすればいいでしょうか？

- 合意を得ることまでは必須とされていない
- 従業者に意見を述べる「機会の保障」を行い、会社がこれに回答するなど、「真摯な対応」をすることが重要

### ■ 協議で合意が得られない場合

指針には、実質的な話し合いが十分に尽くされたにもかかわらず、意見の相違が解消されず、それぞれの主張が対立したまま協議が行き詰まっているような場合には、会社がその時点で協議を打ち切っても、必ずしも不合理とはされない旨が明記されています。

協議において、合意を得ることまでは必須とされていないのです。

### ■ 従業者の「機会の保障」と、会社側の「真摯な対応」が重要

社内ルールの内容について従業者に意見を述べる「機会の保障」を行い、会社が従業者からの意見や再意見に対して回答するなどの「真摯な対応」をすることで、実質的には話し合いが尽くされたと判断される可能性が高くなります。

一方で、会社が自らの主張を繰り返すだけで、その主張の根拠を示さない等、十分な話し合いを行わずに協議を打ち切った場合や、協議において従業者から意見が提出されたにもかかわらず、会社が全く回答を行わなかったなど、「真摯な対応」をしなかった場合は不合理と判断される可能性が高くなることも記載されています。

会社としては、協議に際し「真摯な対応」をすることが重要となります。

## Q25：誰に、どのように開示する必要があるのでしょうか？

- ○ 社内ルールが適用される従業者に対し開示が必要
- ○ 開示の方法には制約はない
- ○ 従業者が見ようと思えば見られる「機会の保障」が必要

### ■ 開示の相手

社内ルールが適用される従業者に対し開示を行う必要があります。外部に公表する必要はありません。

### ■ 開示の方法

指針では、開示の方法に制約はなく、従業者が社内ルールを見ようと思えば見られるような措置、見る「機会の保障」がなされていれば、不合理と判断される可能性が低くなる旨が記載されています。具体的な開示の方法については次項で具体例を挙げて説明します。

### ■ 開示の程度

指針によれば、社内ルールが開示されているといえるためには、相当の利益の内容、付与条件その他相当の利益の内容を決定するための事項が具体的に開示されている必要があります。相当の利益の内容の額など一部の情報だけを開示しても、付与条件などを細則に定めこれを開示しない場合は、見るという「機会の保障」がなされておらず、社内ルールが開示されているとはいえないので注意が必要です。[20]

また、算定式を示すときも、「寄与度」「貢献度」といった文言だけ並べただけではブラックボックス化してしまっているといえます。それぞれのパラメータが恣意的に動かせる以上、社内ルールを従業者が確認する「機会の保障」がなされていないと評価されるおそれがあり

---

20 野村證券事件（知財高裁判決平成27年7月30日）

ます。とはいえ、数字を実際に記載すると、柔軟な対応が難しくなってしまいます。そこで、それぞれの項目について重みづけを示したり、サンプルを示したりすることで、わかりやすく、従業者が大体の予測ができるよう、工夫することが考えられます。

# Q26：見ていない（見る気がない）人はどうすればいいのでしょうか？

- 従業者が社内ルールを見られる「機会の保障」を
- 従業者が社内ルールに容易にアクセスできる環境整備とアクセス方法の周知か連絡を

### ■ 社内ルールを見ていない従業者

指針によれば、従業者が社内ルールを「見ようと思えば見られるような措置」を会社がとっていれば、見る気がなくて見ていない従業者についても「機会の保障」はなされているので、見ていないことだけを理由として開示の状況が不合理とは判断されません。

すなわち、従業者が実際に社内ルールを見ているかどうかではなく、会社が従業者が社内ルールを「見ようと思えば見られるような措置」をとっているかどうか、つまりは社内ルールを確認する「機会の保障」がされていることが重要です。

指針に列挙されているそれぞれの開示の方法につき、会社が「機会の保障」を行う際、実務上注意すべきことを以下に述べます。

### ■ 従業者の見やすい場所に掲示する方法

掲示の場所と期間について、注意が必要です。

例えば、社内の掲示板に社内ルールを見やすい形式で掲示するとしても、その掲示板が、広い事業場のなかにあるたった一つの掲示板である場合、そこに社内ルールが掲示してあること自体を知らない従業者もいるでしょうから、そのような従業者との関係では、「機会の保障」がなされていたとは認められない可能性があります。

また、ある一時期、従業者が掲示版に掲示された社内ルールを「見ようと思えば見られるような措置」がとられていたとしても、その後、

その社内ルールの掲示をやめてしまうと、基準を見ようと思えば見られる「機会の保障」がされているとは認められない可能性があります。

■ 社内ルールを記載した書面を従業者に交付する方法

従業者が、交付を受けた書面を所持し続けるよう、注意する必要があります。

例えば、社内で、所持している書面や電子メールの整理・廃棄を奨励している場合に、従業者が社内ルールを記載した書面や電子メールを廃棄してしまうと、「見ようと思えば見られるような措置」がとられているとは認められない可能性があります。

書面の交付や電子メールの配信を所定の頻度で定期的に行うなどの方法で、従業者が「見ようと思えば見られる」状態を維持することが「機会の保障」として必要です。

■ 従業者が常時閲覧可能なイントラネットにおいて公開する方法

開示の方法としては、この、常時閲覧可能なイントラネットにおいて公開する方法が、最も一般的でしょう。

この場合、従業者が、イントラネット内で社内ルールが公開されているページに容易に行き着くことができるよう、配慮が必要です。

例えば、社内ルールがイントラネット内の検索でヒットしにくいとか、社内ルールが公開されているページが深い階層にあるため容易に行き着くことができず、閲覧するまでにかなりの時間と手間を要するような場合は、「見ようと思えば見られるような措置」がとられているとは認められない可能性があります。

なお、従業者が個人用の電子機器（パソコン）を与えられていない場合については、指針によると、「共用の電子機器を使用して容易に当該イントラネットを閲覧することができる環境にある」ならば、個人用の電子機器（パソコン）が与えられていないことを理由として開示の状況が不合理と判断されるようなことはありません。

■　インターネット上のウェブサイトにおいて公開する方法

　単にインターネット上で公開されていればいいということではなく、この場合も、自社の従業者が、上記と同様、社内ルールが公開されているページを容易に閲覧できるよう、配慮が必要です。

　なお、開示が求められている対象は従業者ですので、一般公開する必要はありません。

■　従業者の求めに応じて開示する方法

　例えば、社内ルールを記載した書面を、社内の特定部署に保管し、従業者の求めに応じて開示する場合は、従業者が、社内ルールを記載した書面を容易に閲覧することができるよう、配慮されていることが必要であると考えられます。

　例えば、当該部署に書面の閲覧を請求する手続きが必要以上に煩雑であるとか、請求に対して心理的なハードルを上げるような対応をするなど、従業者が容易に書面を閲覧することを阻害するような状況がある場合は、「見ようと思えば見られるような措置」がとられているとは認められない可能性があります。

## Q27：誰から、どのように意見聴取をする必要があるのでしょうか？

> ○ 具体的な相当の利益の決定についての意見
> ○ 事前の意見聴取と事後の意見聴取
> ○ 一定期間意見を受け付ける制度を用意し、周知する

### ■ 意見聴取とは

意見聴取とは、個々の職務発明について具体的に「相当の利益」の内容（例えば、報奨金の額）を決定する際に、その決定について、発明者である従業者から、意見（質問や不服を含む）を聞くことです。意見聴取を行う段階では、社内ルールはすでに策定・開示されていて、その環境のなかで生まれた発明に対し利益を付与する個別事例の局面が想定されています。

社内ルールを策定する場合の「協議」において従業者から意見を聞くこととは別なので、混同しないよう注意しましょう。

### ■ 誰から意見聴取を行うのか

個々の職務発明について具体的に「相当の利益」を付与する場合に、その発明者である従業者から、意見聴取を行う必要があります。

### ■ いつ意見聴取を行うのか

発明者である従業者から意見を聴取したうえで、会社が相当の利益の内容を決定することができます（事前の意見聴取）。この場合の意見聴取の内容として、例えば、当該発明の価値についての発明者の認識や、発明の実施状況について発明者が知っていることなどを聞くことが考えられます。

また、会社が相当の利益の内容を決定し、その相当の利益を発明者である従業者へ付与した後に、その発明者から意見を聴取することが

できます（事後の意見聴取）。この場合の意見聴取の内容として、例えば、相当の利益の金額の算定の根拠に関する質問や、相当の利益の金額に対する不服などが考えられます。

事前の意見聴取と事後の意見聴取は、どちらか一方を行えば意見を言う「機会の保障」がされたといえるので、意見聴取がなされたと評価されます。各社の事情に応じて、いずれを選択してもよいでしょう。もちろん、事前の意見聴取と事後の意見聴取の両方を行うことも、従業者の納得度を高めるうえで有効でしょう。

■　どのように意見聴取を行うのか

意見聴取については、特定の方法はありません。各社の事情に応じて行うとよいでしょう。

発明者が必ずしも意見を持っているとは限りません。発明者が意見を表明しなかったとしても、会社が発明者に意見を求めたと評価できる事実があれば、意見聴取がなされたと評価されます。例えば、事後の意見聴取であれば、会社が決定した相当の利益の内容について、一定期間意見を受け付ける制度を用意しておき、その制度が従業者に周知されているならば、意見の聴取がなされたと評価されます。

具体的には、相当の利益を付与する旨の通知を行う際に、例えば、以下のような一文を明記しておくことが考えられます。

［文　例］本決定に質問や不服がある場合には、本通知の日から30日以内に、意見受付窓口（メールアドレスを明記）に対して、意見を述べることができる。

■　1件の発明に、発明者が複数人いる場合

複数の発明者の代表者から意見を聴取することもできますが、発明者のなかで意見が異なる場合は、それぞれの発明者から意見を聴取し、おのおのの意見を言う「機会の保障」を行う必要があります。

## Q28：十分な説明を行っても納得せず、繰り返し質問・意見を出される場合にはどうすればいいでしょうか？

- ○ 意見に対して回答することが必要
- ○ 発明者と合意することまでは必須とされていない
- ○ 異議申立制度を整備することが望ましい

### ■ 意見に対してはまず回答を

指針には、意見聴取において発明者である従業者から提出された意見に対して、真摯に対応する必要があることが明記されています。したがって、提出された意見に対して、会社が回答を全く行わない場合には、意見聴取の状況について不合理性を肯定する方向に働く可能性があります。

### ■ 発明者との合意までは要しない

指針には、意見聴取の結果として、相当の利益の決定について会社と従業者との間で合意に至らなくても、「そのことだけをもって、直ちに不合理性の判断に係る意見の聴取の状況について不合理性を肯定する方向に働くことはない。」と明記されています。

つまり、提出された意見には真摯に対応しなくてはいけませんが、その結果として会社と従業者とが合意することまでは必須とされていません。

### ■ 異議申立制度の整備

発明者から提出された意見について、会社として発明者に対して十分な説明を行っても、発明者が納得せずに繰り返し意見聴取を求め、会社としても誠意を尽くすために繰り返し回答し、意見提出と回答とが際限なく続くというような事態も、起こり得るところです。

指針は、このような事態に対する備えとして、異議申立制度の整備を例示しています。

　異議申立制度は、発明者から提出された意見を検討する審議体の構成や手続き等を詳細に取り決めておくことにより、発明者の納得を得つつ、意見聴取の繰り返しを回避するための制度です。

　異議申立制度は、例えば、次のように設計します。

　発明者が、発明者の最初の意見提出に対する会社回答に不服の場合、会社回答から所定期間の間に、所定の窓口に対して、異議を申し立てることができるようにしておきます。異議の申し立てがあると、これを審議する審議体が構成されます。審議体には、発明者、発明部門の責任者、知財部門の担当者、知財部門の責任者などが想定されます。また、各社の事情にもよりますが、第三者的な立場から審議を俯瞰して意見を述べることができる人物、例えば、社外弁理士や、社外弁護士などを入れると、より客観性が増すでしょう。

　以上に述べたのはあくまでも一例ですが、このように、社内制度として保障された手続きのなかで、第三者的立場の人の意見も取り入れつつ、発明者の納得性[21]を高めながら、会社と発明者との意見の相違を解消する社内制度を整備しておくことが、望ましいと考えられます。

---

21 より納得性を高めるため、異議申立制度において出された結論に対してさらなる不服申立の仕組みを用意することも考えられるが、各社の人員リソース等を勘案し、あえて制度化しなくとも必要に応じた個別の対処でもよいと考えられる。

## Q29：新入社員についてはどのように対応すればいいですか？

- 新入社員とは話し合いを
- 新入社員にも社内ルールの開示を

### ■ 新入社員との話し合いが行われた場合

　社内ルール策定後に入社した新入社員は当然のことながら策定時には協議の相手方に含まれていません。そこで、指針では新入社員との「話し合い」を推奨しています。

　「話し合い」の形態としては、当該社内ルールをそのまま適用することを前提に使用者等が新入社員に対して説明を行うとともに、新入社員から質問があれば回答するという方法が考えられます。

　また、「話し合い」は異なる時点で入社した新入社員に対してまとめて行うこともできます。

### ■ 新入社員との話し合いが行われなかった場合

　指針では新入社員と「話し合い」を持つことを推奨していますが、新入社員との話し合いが行われなかった場合であっても、直ちに不合理性を肯定する方向に働くわけではありません。

　指針では「策定に際して、使用者等と新入社員以外の従業者等との間の協議で十分な利益調整がなされ、当事者間の交渉格差が払拭されたときには、当該新入社員との協議の状況について不合理性が否定される方向に働くことがあり得る。」とされています。

　これは社内ルールの策定後に従業者の地位を獲得したという特殊性に対して考慮されていると考えられますが、リスクが完全になくなるということはありませんので「話し合い」と評価されるような意見を言う「機会の保障」を行っておくことが望ましいでしょう。

■ 新入社員に対しても「機会の保障」を

　新入社員に対しては職務発明にかかる権利の取得時までに当該社内ルールを見ることができる状況にあることを周知することが必要です。

## Q30：退職する人についてはどのように対応すればいいですか？

- ○ 各社の状況に応じたインセンティブ施策を
- ○ 退職者に対しては、相当の利益を一括して与えることも可能
- ○ 退職者に対する意見の聴取は、退職時に行うことも可能

### ■ 相当の利益の一括払い

　改正前までは、実績報奨を退職者に支払い続けることによる事務コストが決して低くありませんでした。職場を離れ、その会社とのつながりが形式的になくなってしまった人である以上、例えば転居した場合、会社に届けを出す必要はないのですが、支払先がわからずに知財部員が社内の知人などから一生懸命現住所を探し当てるといったこともなされていました。

　指針では、退職者に対し、特許登録時や退職時に相当の利益を一括して与えることが可能であることが明記されました。また、退職者に対する意見の聴取は、退職時に行うことも可能です。

　ただし、退職者に対してほかの従業者と異なる扱いをする場合は、社内ルールに相当の利益の算定方式や額を明記することが必要です。

### ■ 各社の状況に応じたインセンティブ施策

　平成27年法のもとでは、原始法人帰属とすれば対価の概念がなくなり、かつ企業における研究開発過程における発明に対するインセンティブを自由に設計できるようになりました。これにより、遅くとも退職時までには相当の利益を支給し終えるような形にするなど、発明に対するインセンティブ施策を各社の状況に応じて行うことが可能となりました。

# Q31：派遣労働者についてはどのように対応すればいいですか？

- ○ 派遣労働者とは契約等での取り決めを
- ○ 契約に際しては派遣の形態に応じた個別の対応を

■ 職務発明の取り扱いについての契約等の取り決め

派遣労働者については、職務発明の取り扱いを明確化する観点から、契約等で取り扱いを定めておくことが推奨されています。

取り決めは、派遣元企業、派遣先企業、派遣労働者といった関係当事者間で定めることが必要です。

■ 派遣の形態に応じた個別の対応

派遣労働者にはさまざまな実態があります。派遣労働者が派遣先で発明をした場合について第35条における使用者が派遣元企業なのか派遣先企業なのかが問題となる場合もあり得ます。

基本的には、職務発明がなされるにあたって当該従業者に対して指揮命令権があり、中心的な援助をした者が使用者となり、労働法上にいう使用者、あるいは雇用契約上の使用者に限られないとの前提に立ち、派遣先の企業が研究施設を提供し、指揮命令権を有していることなどから、派遣先の企業が使用者であるという意見が多数となっていますが、学説は分かれています。[22]

よって、取り決めの際には派遣の実態に応じた個別の対応が必要です。

---

22 中山信弘『特許法』［第3版］58〜59頁
上野達弘「職務著作・職務発明における従業者等」企業と法創造2号（2004年）141頁

## Q32：中小企業にとってはいろいろ大変そうなのですが…？

> ○ 中小企業に対する特別な配慮が指針に記載
> ○ 規模の小ささや、知財部員のリソースの不足を補う手立てあり

### ■ 事務効率や費用の面で過度な負担がないように配慮

指針の第三.五「中小企業等における手続について」では、「従業者等の数が比較的少ない中小企業等においては、事務効率や費用等の観点から、その企業規模に応じた方法で、…手続を…行うことが考えられる。」とされており、柔軟な解釈の余地を認めています。

### ■ 協議について

指針では「事務効率等の観点から、例えば、従業者等の代表者を選任してその代表者と協議する方法ではなく、従業者等を集めて説明会を開催する方法によることが考えられる。」とされています。代表者との協議のほうが効率的であると判断すれば、もちろんそれで構いません。

### ■ 開示について

指針では「費用等の観点から、例えば、イントラネットではなく、従業者等の見やすい場所に書面で掲示する方法によることが考えられる。」とされています。そのほか、社内ルールを記載した電子メールの送信や社内報等で直接交付する方法なども認められるでしょう。

### ■ 意見聴取について

発明者が個別に意見を述べる機会を保障する観点から、設置が望ましいとされている「異議申立制度」について、指針では、中小企業においては、「事務効率等の観点から、…社内の異議申立制度が整備されていなくとも、…使用者等が個別に対応する方法によることが考えら

れる。」とされています。つまり、異議申立制度の仕組みが明確に設置されていないことによって、意見聴取の機会が保障されていないと判断されやすくなるわけではないこととなります（※大企業においても、異議申立制度が設置されていないことをもって、直ちに意見聴取の機会保障がなされていないと判断されるわけではありません）。

■　**中小企業こそ、法人帰属化と規定の整備を**

　改正によってすべての企業が一律に法人帰属となったわけではありませんので、規定の内容にもよりますが、何の対応もしなければ、従業者帰属のままであることも十分ありえます。しかし、従業者帰属のままとすることには権利の不安定性に伴うリスクがあります。

　また、社内ルールを整備することは、訴訟で額を争うリスクを減らし、社内における発明意識の向上にもつながります。

　ぜひ社内で積極的に検討してみましょう。

# 第7章　応用編

## Q33：特許出願しなくても、「相当の利益」を受ける権利は生じますか？　社内ルールの対象ですか？

○　特許出願しなくても対価請求権が発生するとの判決も
○　社内ルールの対象に含めておくほうがリスクを低減できる

### ■ 過去には第35条の対象とする判決も

　特許法の目的は、発明を奨励して産業の発達を促進することにありますので、特許登録を通じ技術内容が広く公開されることがなかった発明は、特許法による独占的利益の保護を受けません。だとすれば、第35条の「相当の利益」を付与する対象ではないとも考えられます。

　一方で、過去の判例においては、特許出願しなかった発明についても相当の対価を請求する権利を認めたものもいくつかあります。それら判例のなかで示された根拠、また対象となった発明が特許化されなかった理由はさまざまでした。今回の改正を踏まえ、裁判所がどのような判断を下すようになるのかは、まだ判断がつきません。

### ■ 社内ルールにはノウハウについても定めを

　実際の事案では、争いとなっている発明が特許化されなかった理由が、特許要件を満たしていなかったからなのか、あえて戦略的に秘匿したのかのいずれなのか、あるいは、実質的に独占的利益が生じているかといった観点からの検討もなされるかもしれません。

　いずれにしても企業としては、裁判所がいかなる判断をするか確信を得られない以上、争いが起こった場合のリスクを低減させるため、社内ルールのなかに秘匿発明・ノウハウについても規定しておくほうが望ましいでしょう（Q35参照）。

# Q34：特許出願しなかった発明への「相当の対価」をめぐる裁判にはどのようなものがありますか？

> ○ 特許出願しなかった場合も対価請求権は発生するとの判決も
> ○ 今までの判例で示された考え方はさまざま。見通しは不透明

### ■ 昭和34年法の趣旨

　昭和34年法第35条の「その発明により使用者等が受けるべき利益」とは、使用者等が法律上当然に無償の通常実施権を有することから（第35条第1項）、使用者等が発明を実施することにより受けることとなると見込まれる利益を指すのではなく、無償の通常実施権を超えて、発明の実施を排他的に独占しうる地位を取得することにより受けることになると見込まれる利益を指すと解すべきであるとされていました。

　つまり、排他的独占による利益と解される以上、排他的独占権である特許権の存在が前提と考えられていました。

### ■ 日本金属加工事件（東京地裁判決昭和58年12月23日）

　この判例では、出願されなかった発明に対して相当対価請求権の発生を認めており、これを先例として紹介する学説も少なくありません。以下のような見解が示されています。

- ○ 特許法第35条の職務発明は、特許発明に限定されてはいないから（同条第1項）、発明でありさえすれば、特許出願されたものであろうとなかろうと、同条の適用があるものと解される。
- ○ したがって、いわゆるノウハウについても、その内容が発明の実質を備えるものであれば、同条の職務発明となりうる。

　しかしながら、この判決を先例とし、「あらゆるノウハウについても相当対価請求権が生じる」と断じるのは早計ともいえます。

　この事案での発明は、①あえて特許出願しないとした発明、②多忙

のため特許出願されなかった発明、の2件でした。①については役員会で秘匿する理由が説明されており、②については「発明の実質を備えていた」（実質的には特許要件を具備）と判断されています。

ただし、①の秘匿された発明については、原告の主張どおり発明の実質を備えているとしても（あくまで仮定にとどめ、裁判所は発明の要件の具備については判断していません）、時効消滅を理由に相当対価請求権の行使を認めなかったものであり、発明の実質具備を仮定したのは時効起算点確定のために過ぎませんでした。

②については「特許出願をして登録したり、ノウハウとして秘匿したりした場合、発明の実施を排他的に独占しうる地位を取得するが、未だ特許を受けていないため、排他的独占権が現実のものとなっていない。特許を受けることができるか否かが不確実であるときは、特許権を取得したときとは異なるので、利益の額も異なる」（要旨）とし、さらに対比する特許の改良発明であることも加味して、10％の評価額と判断しています（なお、北海道大学・田村教授は、使用者が誤って発明を活用しなかった場合の問題として議論すべきとしています）。

いずれにしても、あらゆるノウハウにも相当対価請求権を認めた先例としての価値には疑問があり、少なくともこの判決の射程距離は極めて短く解されるべき事例であったと考えられます。

### ■ 味の素事件（東京地裁判決平成16年2月24日、控訴審で和解）

この判例では、以下のような見解が示されました。

- ○ 特許登録前は、使用者の排他的独占権はなく、使用者の通常実施権の範囲内で実施している限り、特許を受ける権利の承継により発明者が受けるべき利益はない。
- ○ （特許登録前であっても）出願公開後は、発明を実施した第三者に補償金請求できるので、実質的に他社を排除して実施できたという意味で、通常実施権を超える部分がある。

発明の実質を備えていれば出願・登録といった行為の有無に関係なく相当対価請求権があるとした日本金属加工事件判決と異なり、出願公開前は発明の実質を備えているとしても通常実施権の行使に過ぎないとの見解を示しています。

■ コニカミノルタホールディングス事件（東京地裁判決平成18年1月26日）

この判例では、以下のような見解が示されました。
- ○ 「発明」である限り、ノウハウについても特許を受ける権利は生じ、これについても特許法第35条が適用されることは当然。
- ○ 特許出願後に拒絶査定が確定したものは、出願後に得た実施料などの法的独占権に由来する利益があると認められる場合には、同条にいう「相当の対価」請求権が生じ得る。
- ○ 法的独占権に由来する利益がない場合には、「相当の対価」請求権は生じないと解すべき。

ノウハウについても第35条の適用を受けるとしつつ、法的独占権に由来する利益の存否によって、相当対価請求権が生じるか否かが左右されるという考え方であり、日本金属加工事件とも、味の素事件とも、異なるアプローチが示されています。

■ 野村證券事件（知財高裁判決平成27年7月30日）

平成16年改正後初の職務発明訴訟として注目された本事案では、以下のような見解が示されました。
- ○ 独占的利益は、法律上のものに限らず、事実上のものも含まれるから、発明が特許権として成立しておらず、営業秘密又はノウハウとして保持されている場合であっても、生じ得る。

この事案では協議等の手続き不備を理由に相当の対価を裁判所が算定する、と判断したものですが、結論としては独占的利益が生じていないとされています。

なお、「ノウハウが特許要件を具備するものか否か、特許発明に至らない程度の一定の技術的ノウハウに関して、特許法35条所定の職務発明の対価請求の規定の（類推）適用があるか否かの議論はさておき」として、論点のみ提示してこれに対する見解を示すことなく、結論に至る判決もあります（東燃化学・東燃ゼネラル石油事件東京高裁判決・平成17年２月23日ほか）。

　以上のとおり、判例は決して一様ではなく、今後の方向性も現時点で予測するのは難しい状態です。

# Q35：社内ルールにノウハウについて定める場合、どのようなことに気をつければいいでしょうか？

- ○ 「相当の対価」は、平成16年改正以降は構造が変化
- ○ 従業者との協議で、何に対していくら払うのか、を定める必要
- ○ 改善提案やノウハウも発明に該当すると判断される可能性も

前提として、相当の対価をめぐる課題と平成16年改正の意義について振り返りましょう。

### ■ オリンパス事件（最高裁第三小法廷判決平成15年4月22日）

この判例では、以下のような見解が示されました。

- ○ 会社規則で定めた対価額が第35条第4項の規定に従って定められる対価の額に満たないときは、第35条第3項の規定に基づき、不足する額に相当する対価の支払いを求めることができる。

これは適正額基準説と呼ばれる考え方であり、会社があらかじめ定めた社内ルールに従って相当の対価を支払っても、紛争となった場合は、裁判所が相当な対価額を算定し、不足があれば会社に追加支払いを義務づけることができる、ということになります。

「客観的に正しい対価額」というものが存在していて、それは裁判所が決めるとなると、会社としてはどのように従業者に対価支払いをすればよいのか判断が困難であり、予見可能性が著しく害されます。

そこで、この問題を改善すべく、平成16年の改正がなされました。

平成16年法における「相当の対価」は以下のとおり整理されました。

- ○ 労使の協議等の手続きを経ている基準による「相当の対価」（第35条第4項）。
- ○ 基準の定めがないか基準による支払いが不合理、という場合に裁判所が定める「相当の対価」（第35条第5項）。

前者を可能としたこと、すなわちあらかじめ定めた社内ルールに従って付与される対価を相当とすることが平成16年法改正の眼目であったといえます。

■ 平成27年法で、どういう対応をすればいいか

平成27年法では、上の前者の手続きや効力が指針でさらに明確にされました。「指針に定める適正な手続に従って契約等の定めにより『金銭その他の経済上の利益』を従業者等に付与している場合には、第35条第5項の不合理性が否定されると考えられるため、それが同条第4項の「相当の利益」の付与となる。また、この場合、第35条第7項の適用を受けることはない。」[*23]ので、その考え方に従えば、指針に則して必要な手続きを行っている限り、付与金額の多寡は法的には問題にならないと考えられ、何にいくら支払うのか等（対象、認定手続き、算出方法、金額等）を定めて協議しておけば、その規定どおりの支払いでよいことになります。

実際にも、例えば、特許権ではない発明の実施は通常実施権の範囲での実施である、との理解が労使で共有できていれば、改善提案やノウハウについて特許権とは異なる取り扱いを規定しても発明者に納得されるでしょう。

■ ノウハウを社内ルールに定めるにあたって

前述のとおり、過去の裁判例の変遷を見ていても、将来、裁判所の判断が大きく振れる可能性があり、企業としては提訴されること自体を避けたい、ということを考えると、訴訟になりうる範囲はカバーし、すべての職務発明に対して、何にいくら支払うのか等（対象、認定手続き、算出方法、金額等）を定める規定にすることがリスク排除の観点からは望ましいと考えられます。社内ルールの範囲に含めなかったことにより、「ノウハウについては規定がない」と判断されて第35条第

---

23 「解説」18～19頁

7項の適用を受けることを避けるためです。

　出願すれば特許や実用新案になるレベル（産業上の利用可能性、新規性、進歩性あり）に限定せず、発明・考案と判断される可能性があるものはすべて規定に含めるようにしておくことが望ましいと考えられます。これらと改善提案や技術上のノウハウは、明確には区別できないので、含めておくほうが無難でしょう。

　ただし、裁判所は指針に拘束されないので、たとえ指針に則した手続きを経て決定された社内ルールによる支払い（支払いがなされないことを含む）であっても、不合理と判断するおそれが皆無ではない点は、特許発明と同様です。

# Q36：税務に関する取り扱いは変更されるのでしょうか？

- 国税庁から公式に通達は出ていない
- 法人帰属の場合は、すべて雑所得として扱う見解が比較的多数
- 社内ルールの書きぶりにもよるので個別に問合せを

■ 改正前の扱いについて

従業者帰属しかとり得なかった改正前は、発明者に付与する利益は特許を受ける権利の承継の「対価」という性質を有していたため、国税庁において「これらの権利の承継に際し一時に支払を受けるものは譲渡所得、これらの権利を承継させた後において支払を受けるものは雑所得」という扱いがなされていました（所得税基本通達 23～35共－1（1）参照）。つまり、特許を受ける権利を会社に譲渡した際に受ける対価（例えば、出願時報奨）は「譲渡所得」、その後に支払いを受けるもの（例えば登録時の報奨や、製品の販売実績等に伴って会社から受け取る報奨）は「雑所得」とされてきました。

従業者帰属のままとする会社は、改正後も、同じ扱いでよいと考えられます。

■ 法人帰属とした場合の扱いについて

特許を受ける権利を「法人帰属」とした場合、もはや従業者から当該権利の譲渡を受けることはなくなるため、上述した国税庁の取り扱いのうち、「権利の承継（従業者から見れば譲渡）に際し一時に支払を受けるもの」は存在し得ません。そのため、支払いについてはすべて一律で雑所得と扱うという考え方が比較的多数ですが、国税庁から公式な見解としての通達は公表されておりません（2016年6月現在）。

例えば、基本的には雑所得として扱うとしても、金銭以外の「経済

上の利益」として、相当の利益を「昇給」とした場合は、それは「給与所得」として扱うべきという意見もあれば、実務の混乱を避けるためにほかの「相当の利益」と同様に雑所得として扱うべきとの意見もあります。

■　所轄税務署への問合せ

　今後も、国税庁から新たな通達が出されるか注意しながら、各社においては所轄税務署に個別に問い合わせることが望ましいでしょう。

　所轄税務署の連絡先（電話番号）は以下より確認できます。

〔国税庁ウェブサイト：税についての相談窓口〕

　　https://www.nta.go.jp/shiraberu/sodan/sodanshitsu/9200.htm

　なお、社内ルールとあわせた確認が必要な場合など、電話による対応が困難な場合は、事前予約も可能です。

## Q37：外国に出願するときはどのようなことに気をつければいいでしょうか？

○ 特許法35条は日本での特許を受ける権利についてのみ規定
○ 外国の特許を受ける権利については、別途定めを設けるとともに、譲渡証等を作成しておくことが好ましい

### ■ 法人帰属の意思表示に追記を

 特許を受ける権利を原始法人帰属とするためには、その旨を意思表示するだけで足りますが、外国にも出願する可能性がある場合は、別途手続きをしておく必要があります。わが国特許法は、わが国における特許を受ける権利についてのみ定めているためです。

 使用者等が従業者から外国の特許を受ける権利を取得するには、当事者間での契約を締結することにより、取得することが可能です。[24] 外国にも出願する可能性があるならば、わが国において法人帰属の意思表示をする際、外国において特許を受ける権利についても取得（承継）する旨も明記しておく必要があることになります。

 具体的には、以下のような規定が考えられます。

[規定例] 従業者が職務発明をなしたとき、その職務発明に係る全世界の特許を受ける権利は、発生したときから会社が取得するものとする。

### ■ 原始法人帰属であっても譲渡証は必要か

 従来、職務発明の特許を受ける権利については、従業者から譲渡を受けるにあたって「譲渡証／帰属確認書」を提出してもらうのが通常でした。その際は、わが国における特許を受ける権利だけではなく、

---

24 特許庁「指針に関するQ&A」のQ20（この根拠は最高裁判決（第三小法廷平成18年10月17日）と思われる）

外国における特許を受ける権利を含めて譲渡の対象としていました。

　今回の改正を踏まえて原始法人帰属を選択した場合、「譲渡証／帰属確認書」は不要になるという解釈があり得ます。むしろ、譲渡証等を受け取ることは、企業としては従業者から特許を受ける権利を譲り受けている認識であると解されるので、「使用者が原始従業者帰属を選択していると解釈されないか」を懸念する意見もあります。[*25]

　一方で、前述のとおりわが国の特許法の射程は日本における特許を受ける権利だけなので、世界各国で出願する可能性があれば、原始法人帰属を選択した場合であっても、特許を受ける権利を承継する手続きを完全に省略することはできません。

　そこで、念のため、上記のような予めの定めとあわせて、包括的な「譲渡証／帰属確認書」を作成しておくのが安全です。専門家によっても「職務発明について外国における特許を受ける権利を含めて包括して譲渡する旨の譲渡証書ないし譲渡契約書を作成している場合も多いと思われるが、米国等の外国の出願手続においては、職務発明に該当する場合であっても、譲渡証書の提出が必要となる場合もある。したがって、原始使用者帰属の法制下においても、譲渡証書ないし譲渡契約書を発行する上記のような運用については、一定の合理性を有すると考えられる。」[*26]とされています。ただし、その際には、「譲渡証／帰属確認書」の文言については、会社が制度として従業者帰属を選択していると解釈されないような工夫をすること、言い換えれば、法人帰属を選択していることと矛盾しない表現とすることが望ましいといえます。文例としては、以下が考えられます。

---

25　深津拓寛・杉村光嗣「平成27年職務発明改正対応の実務上の留意点」NBL1058号（2015年）33頁
26　「解説」34頁

［文　例］私は、使用者が下記職務発明に係る全世界の特許を受ける権利を取得すること（もし、使用者が取得していないときは、本書により使用者に譲渡すること）を確認します。

　なお、上記のような手続きによってすべての国における帰属関係について明確にした場合であっても、各国の対応については、それぞれの国で要求される所定の手続きに従う必要があるため、現地代理人に相談、確認のうえ、その手続きに則って対応することになります。企業実務としては、必要な特許権を確実に得るために、広めの対応をとっておくことが肝要です。

## Q38：紛争化のおそれがあるときはどうすればいいでしょうか？

> ○ 帰属の確認、必要な資料・データの保存
> ○ 社内の関係部署と連携を
> ○ 弁護士などの専門家への相談

### ■ 帰属の確認、従業者とのやりとり等の記録保存

　まず、従業者帰属の会社については特許を受ける権利を確実に取得していること、さらに取得していることを第三者に対して証明できる譲渡証や帰属確認書に署名をもらっていることを確認しましょう。法人帰属の会社であっても、外国に出願している場合は、譲渡証や帰属確認書を取得しておくとよいでしょう。

　従業者と、意見聴取の段階で揉め始めた場合は、メールは保存し、電話や対面での会話は記録を作成・保存しておきます。やりとりの際は、感情的になることなく、冷静かつ慎重な姿勢で臨みましょう。

### ■ 人事・法務・情報セキュリティ部門との連携

　従業者が退職者・退職予定者である場合は、人事部門とも連携し、秘密保持義務・競業避止義務についてしっかりとした取り決めと意思確認をしておくことが望ましいでしょう。

　訴訟提起のリスクが高まってきた場合は、法務部門や情報セキュリティ部門とも連携し、営業秘密・技術情報の流出に気を配りましょう。

### ■ 専門家への相談は早めに

　職務発明訴訟においては、かつて数億円規模で会社に追加支払いを認める判決も下されています。トラブルが生じた場合は早い段階で弁護士などの専門家に相談し、紛争の鎮静化をはかるとともに、仮に訴訟にまで至った場合も見据えた準備を進めておくべきでしょう。

## Q39：わからないことや、困ったことについて、相談できるところはありますか？

■ 相談先

　独立行政法人工業所有権情報・研修館（INPIT）や弁理士会・弁護士会では知財に関する相談を受け付けています。無料や低価格でのサービス提供がなされていますので、適宜活用するといいでしょう。

　そもそもどこに相談すればいいのかわからない、制度の概要や中堅・中小企業にとっての社内ルール導入のメリットを教えてほしいという場合は、INPITの知財総合支援窓口がよいでしょう。

　やや専門的、あるいは企業実務の細かい点にもかかわる質問である場合は、優先的に弁理士会に相談することが考えられます。

　トラブルが生じている場合、あるいはトラブルを未然に防止し、戦略的に知財を活用したいと考えている場合は、弁護士に相談することも検討しましょう。

■ 各種連絡先

| | |
|---|---|
| INPIT<br>知財総合支援窓口 | http://chizai-portal.jp/index.html<br>0570-082100（全国ナビダイヤル）<br>（土日・祝祭日除く。窓口によって営業時間が異なる場合があるため、上記URLより要確認） |
| 日本弁理士会<br>常設知的財産相談室 | http://www.jpaa.or.jp/?cat=774<br>（全国の窓口にリンクします） |
| 日本弁護士連合会<br>弁護士知財ネット | http://www.iplaw-net.com/<br>ウェブサイト等を通じて法律相談受付（有料）<br>初回については1時間金1万円（消費税別） |

# II 資料編

# 特許法第35条第6項の指針(ガイドライン) 経済産業省告示第百三十一号

　特許法(昭和三十四年法律第百二十一号)第三十五条第六項の規定に基づき、発明を奨励するための相当の金銭その他の経済上の利益について定める場合に考慮すべき使用者等と従業者等との間で行われる協議の状況等に関する指針を次のように定めたので、同項の規定に基づき、公表する。
　　平成二十八年四月二十二日　　　　　　　経済産業大臣　林　幹雄

　　特許法第三十五条第六項に基づく発明を奨励するための相当の金銭その他の経済上の利益について定める場合に考慮すべき使用者等と従業者等との間で行われる協議の状況等に関する指針
第一　本指針策定の目的
　一　本指針は、特許法(以下「法」という。)第三十五条第五項の規定により不合理であると認められるか否かの判断(以下「不合理性の判断」という。)においては、同項に例示する手続の状況が適正か否かがまず検討され、それらの手続が適正であると認められる限りは、使用者等(同条第一項に規定する使用者等をいう。以下同じ。)と従業者等(同項に規定する従業者等をいう。以下同じ。)があらかじめ定めた契約、勤務規則その他の定めが尊重されるという原則に鑑み、適正な手続の具体的内容を明らかにすることにより、使用者等及び従業者等が行うべき手続の種類と程度を明確にし、不合理性の判断に係る法的予見可能性を高め、もって発明を奨励することを目的とする。
　二　本指針は、幅広く有識者の意見を聴いて専門的な知見を踏まえた内容とすることで、不合理性の判断に係る法的予見可能性を高めるとともに、研究活動に対するインセンティブについて創意工夫が発揮されるよう当事者の自主性を尊重する観点から、産業構造審議会の意見を聴いて定められたものである。本指針の内容が使用者等及び従業者等をはじめとする関係者間において最大限尊重されることが望まれるとともに、これにより発明が奨励され、我が国のイノベーションが促進されることが期待される。
第二　適正な手続
　一　総論

1　法第三十五条第五項から第七項までの具体的な意味
　(一)　法第三十五条第五項は、同条第四項に規定する相当の金銭その他の経済上の利益（以下「相当の利益」という。）を契約、勤務規則その他の定めにおいて定めることができること及びその要件について明らかにしたものであって、その定めたところにより相当の利益を与えることが不合理であると認められるものであってはならないとしている。一方、同条第七項は、契約、勤務規則その他の定めにおいて職務発明（同条第一項に規定する職務発明をいう。以下同じ。）に係る相当の利益について定めていない場合、又は定めているがその定めたところにより相当の利益を与えることが同条第五項の規定により不合理であると認められる場合に適用される。

　　　したがって、同条第五項に規定する要件を満たす場合には、同条第七項は適用されない。また、契約、勤務規則その他の定めにおいて職務発明に係る相当の利益について定めていない場合、又は同条第五項に基づき、契約、勤務規則その他の定めにおいて定めたところにより相当の利益を与えることが不合理であると認められる場合には、同条第七項の規定により定められる内容が相当の利益となる。
　(二)　法第三十五条第五項にいう「その定めたところにより相当の利益を与えること」とは、契約、勤務規則その他の定めにより与えられる利益の内容が、職務発明に係る経済上の利益として決定され、与えられるまでの全過程を意味する。例えば、相当の利益の内容を決定するための基準（以下「基準」という。）を策定し、それに基づいて決定された相当の利益を与える場合には、当該基準の策定手続からその基準を適用して相当の利益の内容が決定されて与えられるまでの全過程（相当の利益の付与後に「相当の利益の内容の決定について行われる従業者等からの意見の聴取」を行う場合には、これを含む。以下同じ。）を意味する。また、個々の職務発明ごとに契約を締結し、それに基づいて相当の利益が与えられる場合には、その契約の締結手続から相当の利益が与えられるまでの全過程を意味する。

　　　したがって、不合理性の判断では、「その定めたところにより相当の利益を与えること」、すなわち、契約、勤務規則その他の定めに基づいて職務発明に係る相当の利益の内容が決定されて与えられるまでの全過程が

総合的に判断されることとなる。全過程における諸事情や諸要素は、全て考慮の対象となるが、その中でも特に同項に例示される手続の状況が適正か否かがまず検討されることが原則である。なお、その定めたところにより相当の利益を与えることについての不合理性の判断は、個々の職務発明ごとに行われる。

（三）　法第三十五条第五項の「相当の利益の内容を決定するための基準の策定に際して使用者等と従業者等との間で行われる協議の状況」の「協議」（以下「協議」という。）とは、基準を策定する場合において、その策定に関して、基準の適用対象となる職務発明をする従業者等又はその代表者と使用者等との間で行われる話合い（書面や電子メール等によるものを含む。以下同じ。）全般を意味する。

（四）　法第三十五条第五項の「策定された当該基準の開示の状況」の「開示」（以下「開示」という。）とは、策定された基準を当該基準が適用される従業者等に対して提示すること、すなわち、基準の適用対象となる職務発明をする従業者等がその基準を見ようと思えば見られる状態にすることを意味する。

（五）　法第三十五条第五項の「相当の利益の内容の決定について行われる従業者等からの意見の聴取の状況」の「意見の聴取」（以下「意見の聴取」という。）とは、職務発明に係る相当の利益について定めた契約、勤務規則その他の定めに基づいて、具体的に特定の職務発明に係る相当の利益の内容を決定する場合に、その決定に関して、当該職務発明をした従業者等から、意見（質問や不服等を含む。以下同じ。）を聴くことを意味する。

（六）　法第三十五条第五項の協議、開示及び意見の聴取の「状況」とは、これらの手続の有無、すなわちこれらの手続がなされたか否かという二者択一的な判断のみではなく、これらの手続が行われた場合におけるその手続の状況全般が考慮要素となることを意味する。

2　基準の策定並びに形式及び内容

（一）　基準は必ず策定しなければならないわけではない。例えば、職務発明がされる頻度が少ない等の理由により、相当の利益の内容を決定するための基準をあらかじめ定めることなく、個々の職務発明ごとに、相当の利益の内容を使用者等と発明者である従業者等との間の契約で取り決

めることもできる。

（二）　基準は一つである必要はなく、同一の使用者等が複数の基準を策定することもできる。例えば、管理職と非管理職、研究職と非研究職、研究分野が相違する者、事業所が相違する者等のように性質の異なる従業者等の区分が存在する場合、それぞれの区分に応じて、異なる基準を策定することもできる。また、同一の従業者等がした異なる職務発明について、発明の内容等に応じて、異なる基準を策定して適用することもできる。

（三）　基準は、それがどのような形式で策定されているのかについて特に制約があるわけではなく、また、必ずしも職務発明に係る権利を使用者等が取得する旨についての定めと同一の契約、勤務規則その他の定めの中で定めなければならないわけではない。例えば、職務発明に係る権利を使用者等が取得する旨についてのみ勤務規則で定め、基準については別途契約で定めることもできる。また、基準の一部を別の契約、勤務規則その他の定めで定めることもできる。

（四）　法第三十五条第五項に規定されている契約、勤務規則その他の定めの中には、労働協約や就業規則も含まれるため、基準を労働協約や就業規則で定めることもできる。この場合、労働協約や就業規則が有効に成立していれば、これらの基準に定められた内容について労働法上の効力が発生するが、そのことをもって不合理性の判断においても直ちに不合理性が否定されるわけではない。不合理性の判断は、基準の労働法上の有効性とは別に、同項に基づいて判断される。

　　例えば、労働協約において基準を定め、その基準により決定された内容の相当の利益を与える場合、不合理性の判断は、協議の状況、開示の状況、意見の聴取の状況等を考慮して行われる。したがって、基準を含む労働協約が、労働組合法（昭和二十四年法律第百七十四号）第十四条に規定する労働協約の効力発生要件（書面に作成し、両当事者が署名し、又は記名押印すること）を満たしていることをもって、直ちに不合理性が否定されるものではない。もっとも、労働協約は、労使により対等な立場で締結されることを前提としていることから、労働協約の締結に至るまでの過程においては、使用者等と従業者等との立場の相違に起因する格差が相当程度是正された状況において、使用者等と労働組合の代表

者との間で話合いが行われることが多いと考えられる。このような場合には、労働組合の代表者に話合いをすることを委ねている従業者等と使用者等との関係においては、協議の状況としては不合理性を否定する方向に働く。

　また、例えば、就業規則において基準を定め、その基準により決定された内容の相当の利益を与える場合においても、不合理性の判断は、協議の状況、開示の状況、意見の聴取の状況等を考慮して行われる。したがって、基準を含む就業規則が、労働基準法（昭和二十二年法律第四十九号）第九十条第一項の規定（使用者は、就業規則の作成又は変更について、当該事業場に、労働者の過半数で組織する労働組合がある場合においてはその労働組合、労働者の過半数で組織する労働組合がない場合においては労働者の過半数を代表する者の意見を聴かなければならない。）により作成されていることをもって、直ちに不合理性が否定されるものではない。

3　相当の利益の内容の決定方法
（一）　基準には、ある特定の具体的内容が定められている必要があるわけではない。基準の内容は、使用者等の利益に対する発明の貢献度や発明による利益に対する発明者である従業者等の貢献度を考慮して相当の利益の内容を決定するというものにも、これらを考慮することなく相当の利益の内容を決定するというものにもでき、また、職務発明に係る相当の対価の内容をめぐる訴訟の裁判例を参考にして定めることも、これを参考にすることなく定めることもできる。
（二）　相当の利益の内容が売上高等の実績に応じた方式で決定されなければ、不合理性の判断において不合理と認められるというわけではない。例えば、特許出願時や特許登録時に発明を実施することによる期待利益を評価し、その評価に応じた相当の利益を与えるという方式であっても、直ちに不合理性を肯定する方向に働くことはない。
　　この場合、当該期待利益と実際に使用者等が得た利益が結果的に乖離したとしても、そのことのみをもって、不合理性の判断において、直ちに不合理性を肯定する方向に働くことはない。
（三）　基準に上限額が定められていることのみをもって、不合理性の判断において、直ちに不合理性を肯定する方向に働くことはない。

（四）　使用者等と従業者等との間で個別の合意をし、かつ、その合意が民法（明治二十九年法律第八十九号）その他の法令の規定により無効とされない限り、基準と異なる方法で相当の利益の内容を使用者等と当該従業者等との間で個別に決定することもできる。この場合においても、不合理性の判断は、あくまで協議の状況、開示の状況、意見の聴取の状況等を考慮して行われる。
二　協議について
　1　協議の対象者
　　（一）　協議の対象となる従業者等とは、基準が適用される従業者等である。
　　（二）　基準は、それが適用される職務発明の完成前に策定されることが一般的であり、使用者等は、基準を策定する段階で、当該基準の適用を想定している従業者等と協議を行う必要がある。なお、実際の事案における協議の状況の適正性については、使用者等と職務発明をした従業者等との間の具体的な協議の状況に基づいて個別に判断される。
　2　協議の方法
　　（一）　協議の方法については、特定の方法をとらなければならないという制約はない。
　　（二）　協議は、必ずしも従業者等一人一人と個別に行う必要はない。例えば、使用者等が、一堂に会した従業者等と話合いを行ったり、社内イントラネットの掲示板や電子会議等を通じて集団的に話合いを行ったりすることも、協議に該当する。ただし、集団的な話合いに参加した従業者等について、当該従業者等が発言しようとしても、実質的に発言の機会が全く与えられていなかった等の特段の事情がある場合には、不合理性の判断における協議の状況としては、不合理性を肯定する方向に働くものと考えられる。
　　（三）　協議は、研究職の従業者等とそれ以外の従業者等とで分けて行う必要はない。したがって、不合理性の判断において、研究職の従業者等がそれ以外の従業者等と一緒に使用者等との協議を行った事実をもって、直ちに不合理性を肯定する方向に働くわけではない。ただし、研究職の従業者等がそれ以外の従業者等と一緒に使用者等と話合いを行ったことにより、結果としてある研究職の従業者等が発言しようとしても、実質

的に発言の機会が全く与えられなかった等の特段の事情がある場合には、当該研究職の従業者等に係る不合理性の判断における協議の状況としては、不合理性を肯定する方向に働くものと考えられる。

（四）従業者等が代表者を通じて話合いを行うことも、使用者等が代理人を通じて話合いを行うことも、協議と評価できる。例えば、基準の策定に関し使用者等と話合いを行うことについて、労働組合の代表者が当該労働組合に加入している従業者等を正当に代表している場合には、その代表者と使用者等との話合いは、当該労働組合に加入している従業者等と使用者等との間の協議と評価される。代表者がある従業者等を正当に代表していない場合には、その話合いは、当該従業者等と使用者等との間の協議とは評価されない。この場合、協議があったものと評価されるためには、通常は、代表者によって代表されていない当該従業者等の求めに応じて個別に話合いが行われることが必要と考えられる。

（五）従業者等が代表者を通じて話合いを行う場合に、その代表者がある従業者等を正当に代表しているとは、当該従業者等が、当該代表者に対して使用者等との協議について委任していることをいう。これは、明示的な委任のみならず、黙示の委任であってもよいと考えられる。例えば、ある代表者が特定の従業者等を代表して使用者等と協議を行うことについて、当該従業者等が事前に通知を受けていながら異論を唱えなかった場合には、当該従業者等が協議する権限を黙示的に委任していると評価できる場合もあるものと考えられる。

（六）代表者を選任することに反対した従業者等は、当該代表者に対して協議を行うことを委任していないと考えられるので、原則として、当該従業者等との関係において協議は行われていないこととなる。ただし、多数決等の方法により選任された代表者に協議に係る権限を委任することを各従業者等が了承した上で、多数決等の方法により代表者を選出した場合には、当該代表者の選出に賛成しなかった従業者等との関係においても、当該代表者は正当な代表者であると評価できるため、当該代表者と使用者等との話合いは、各従業者等と使用者等との間の協議と評価されるものと考えられる。

（七）使用者等と従業者等との間の協議は、使用者等又はその代理人と、従業者等又は従業者等から委任を受けた代表者との間で行われることが

原則であるが、従業者等から委任を受けた代表者との協議について、仮に一部の従業者等の個別の委任がなかった場合であっても、使用者等と当該代表者との間で十分な利益調整がなされ、当事者間の交渉格差が払拭されたときは、当該一部の従業者等に係る不合理性の判断における協議の状況について、不合理性が肯定される方向に働くものとは必ずしも言えないと考えられる。例えば、使用者等において多数の従業者等が加入する労働組合が存在し、当該労働組合が従業者等の利益を代表して誠実かつ公正な交渉を行ったような場合には、非組合員である従業者等との協議の状況について不合理性が否定される方向に働くことがあり得る。

3　協議の程度

（一）　協議は、使用者等と基準が適用される従業者等又は従業者等の代表者との間で行われる話合いを意味するが、その話合いの結果、使用者等と従業者等又は従業者等の代表者との間で、策定される基準について合意をすることまで含んでいるものではない。したがって、合意に至らなかったとしても、そのことだけをもって、直ちに不合理性の判断における協議の状況について不合理性を肯定する方向に働くことはない。このような場合でも、使用者等と当該従業者等との間において、実質的に協議が尽くされたと評価できるときには、その協議の状況としては不合理性を否定する方向に働くものと考えられる。

（二）　協議の結果として、使用者等と従業者等又は従業者等の代表者との間で合意に至っている場合には、その事実自体は、不合理性の判断における協議の状況としては、不合理性をより強く否定する方向に働く。

（三）　使用者等が予め設定した時間の経過により協議を打ち切った場合であっても、設定された時間内に、使用者等と従業者等との間で実質的に協議が尽くされたと評価できる場合には、その協議の状況としては、不合理性を否定する方向に働くものと考えられる。また、設定された時間内に十分に話し合うことができなかった場合であっても、その後に書面や電子メール等で従業者等が意見を述べることができ、使用者等がこれに回答するという仕組みが設けられている場合は、協議が尽くされたと評価できる場合もあると考えられる。

（四）　協議において、使用者等が自らの主張を繰り返すだけで、その主張

の根拠（資料又は情報）を示さない等、十分な話合いを行わずに協議を打ち切った場合には、不合理性の判断における協議の状況としては、不合理性を肯定する方向に働くものと考えられる。

　　　同様に、協議において、従業者等から意見が提出されたにもかかわらず、使用者等が回答を全く行わず、真摯に対応しなかった場合には、不合理性の判断における協議の状況としては、不合理性を肯定する方向に働くものと考えられる。

（五）　使用者等と従業者等との間で、実質的な話合いが十分に尽くされたにもかかわらず、意見の相違が解消されず、それぞれの主張が対立したまま協議が行き詰まっているような場合には、使用者等からその時点で協議を打ち切ったとしても、不合理性の判断における協議の状況としては、必ずしも不合理性を肯定する方向に働くことはない。

（六）　使用者等が従業者等に話合いを求め意見を述べる機会を与えているにもかかわらず、当該従業者等が話合いに応じなかった場合には、不合理性の判断における協議の状況としては、不合理性を否定する方向に働くものと評価できる。

（七）　その他、集団的話合いによる適正な協議としては、例えば、次に掲げる方法が考えられる。

　　イ　使用者等から協議への参加の案内が対象者全員になされ、参加した当該対象者に対して基準案の内容が説明され、協議の場において又はその後に、当該基準案に対して当該対象者から意見が提出され（協議の場における欠席者については、別途、当該基準案に対して意見を提出する機会を確保）、これについて使用者等が当該意見に対する回答を必要に応じてまとめて当該対象者に提示して説明し、必要に応じて当該対象者からの再意見に対しても同様の対応を行う方法

　　ロ　使用者等が各発明部門にある委員会等に当該基準案を提示して説明した後、当該委員会等の委員が当該発明部門の従業者等に対して当該基準案を説明し、当該従業者等から当該基準案に対する意見が当該委員を通じて使用者等に提出された場合には、当該意見に対する回答を使用者等が当該委員に提示して説明した後、当該委員が当該従業者等に対して当該回答を提示して説明し、必要に応じて当該従業者等からの再意見に対しても同様の対応を行う方法

（八）使用者等が従業者等と協議をする際、提示する資料及び情報としては、例えば、次に掲げるものが考えられる。
　イ　使用者等の作成した基準案の内容
　ロ　研究開発に関連して行われる従業者等の処遇
　ハ　研究開発に関連して使用者等が受けている利益の状況
　ニ　研究開発に関する使用者等の費用負担やリスクの状況
　ホ　研究開発の内容・環境の充実度や自由度
　ヘ　公開されている同業他社の基準
　　なお、使用者等その他関係者の営業秘密等の情報を従業者等に対して提示することが問題と判断される場合、その情報を提示する必要はないと考えられる。

三　開示について
　1　開示の対象者
　（一）開示を受ける対象者は、基準が適用される従業者等である。
　（二）開示は、基準を外部へ公表しなければならないわけではない。もっとも、基準を外部へ公表することは、潜在的な従業者等（例えば、採用内定者。）に対する開示になり得る。
　2　開示の方法
　（一）開示の方法については、特定の方法をとらなければならないという制約はない。
　（二）従業者等が基準を見ようと思えば見られるような措置がとられていれば、不合理性の判断における開示の状況としては、不合理性を否定する方向に働く。
　（三）職務発明に係る権利が使用者等に帰属する時までに開示されていれば、そのことは不合理性をより強く否定する方向に働くものと考えられる。
　（四）イントラネットで開示する場合、個人用の電子機器を与えられていない従業者等であっても、共用の電子機器を使用して容易に当該イントラネットを閲覧することができる環境にある等、当該従業者等が基準を見ようと思えば見られるような状況にあると認められる場合には、不合理性の判断における開示の状況としては、不合理性を否定する方向に働く。

（五）　従業者等に行う適正な開示としては、例えば、次に掲げる方法が考えられる。
　　イ　従業者等の見やすい場所に掲示する方法
　　ロ　基準を記載した書面を従業者等に交付する方法（電子メールや社内報等による配信を含む。）
　　ハ　従業者等が常時閲覧可能なイントラネットにおいて公開する方法
　　ニ　インターネット上のウェブサイトにおいて公開する方法
　　ホ　基準を記載した書面を、社内の特定部署に保管し、従業者等の求めに応じて開示する方法
　3　開示の程度
　　基準が開示されていると言えるためには、相当の利益の内容、付与条件その他相当の利益の内容を決定するための事項が具体的に開示されている必要がある。
四　意見の聴取について
　1　意見の聴取の対象者
　　意見の聴取の対象である従業者等とは、基準が適用される従業者等である。
　2　意見の聴取の方法
　　（一）　意見の聴取の方法については、特定の方法をとらなければならないという制約はない。
　　（二）　意見の聴取に際して、従業者等が必ずしも意見を持っていないこともあるため、相当の利益の内容の決定について、発明者である従業者等から意見が表明されなかったとしても、使用者等から当該従業者等に対して意見を求めたと評価できるような事実があれば、意見の聴取がなされたと評価される。
　　（三）　意見の聴取の時機については、あらかじめ従業者等から意見を聴取した上で相当の利益の内容を決定するという場合であっても、使用者等において一旦基準に基づき決定した相当の利益を従業者等に与えた後に、当該従業者等に相当の利益の内容の決定について意見を求め、又は意見表明の方法を伝えて、意見が表明されればそれを聴取するという場合であっても、意見の聴取がなされたと評価される。
　　（四）　相当の利益の内容の決定について、使用者等から従業者等に対して

積極的に意見を求めることをしなくても、基準等により決定された相当の利益の内容について一定期間意見を受け付ける制度が用意され、使用者等から従業者等に対して実質的に意見を求めたと評価できるようであれば、意見の聴取がなされたと評価される。ただし、その場合には、当該制度が従業者等に周知されていることが前提となる。
(五)　同一の使用者等に係る複数の従業者等が共同発明をした場合における意見の聴取の状況は、当該共同発明をした従業者等（以下この（五）及び次の（六）において「共同発明者」という。）ごとに不合理性の判断がなされる。意見の聴取の方法としては、共同発明者にそれぞれ意見を聴取する方法のみならず、共同発明者からまとめて意見を聴取する方法や、共同発明者の代表者を通じて意見を聴取する方法も含まれる。ただし、各共同発明者から意見を聴取することなく、代表者を通じて意見を聴取する場合には、代表者が各共同発明者を正当に代表しているとき又は各共同発明者に代表者を通じないで意見を表明する機会が担保されているときは、意見の聴取がなされたと評価される。
(六)　共同発明者間で意見が食い違うような場合において、共同発明者間で意見をまとめて一つの意見にしない限り正式な意見として聴取することはしないとされているときは、共同発明者はそれぞれの意見を自由に表明することが拒絶されているに等しい状況又は実質的に困難な状況に置かれていると認められる。このようなときは、当該共同発明者からの意見の聴取はなされていない、又は形式的に行われたに過ぎないと評価され、不合理性の判断に係る意見の聴取の状況としては、不合理性を肯定する方向に働くものと考えられる。

3　意見の聴取の程度
(一)　意見の聴取については、従業者等からの意見に対して使用者等は真摯に対応する必要がある。例えば、従業者等から使用者等に対して提出された意見に対して使用者等が回答を全く行っていない場合には、不合理性の判断に係る意見の聴取の状況としては、不合理性を肯定する方向に働くものと考えられる。
(二)　意見の聴取は、その結果として相当の利益の内容の決定について使用者等と従業者等との間で個別の合意がなされることまでを求めているものではない。このため、合意に至らなかったとしても、そのことだけ

をもって、直ちに不合理性の判断に係る意見の聴取の状況について不合理性を肯定する方向に働くことはない。例えば、従業者等からの意見に対して使用者等が真摯に対応している場合には、意見の聴取の結果として合意に至っていなくても、不合理性の判断に係る意見の聴取の状況としては、不合理性を否定する方向に働くものと考えられる。

(三) 意見の聴取の結果として、使用者等と従業者等との間で合意に至っている場合には、その事実自体は、不合理性の判断に係る意見の聴取の状況としては、不合理性をより強く否定する方向に働くものと考えられる。

(四) 従業者等からの内容が類似する複数の意見に対して、使用者等の考えをまとめて提示した場合であっても、各従業者等に対して実質的に回答したものと評価できる場合があり得る。その場合は、不合理性の判断に係る意見の聴取の状況としては、不合理性を否定する方向に働くものと考えられる。

(五) 従業者等から聴取した意見については、使用者等において真摯に検討し、必要に応じて再度相当の利益の内容を決定し直すことが望ましい。また、意見の聴取の方法の一つとして、使用者等と従業者等との間で相当の利益の内容の決定について見解の相違が生じた場合に備えて、相当の利益の内容の決定について社内の異議申立制度を整備することが考えられる。なお、相当の利益の付与に関する通知を従業者等に送付する際に異議申立窓口の連絡先も併せて通知する等、従業者等に周知徹底することは、社内の異議申立制度が有効に機能することを担保することとなり、不合理性の判断に係る意見の聴取の状況としては、不合理性をより強く否定する方向に働くものと考えられる。

(六) 意見の聴取に当たって使用者等が従業者等に提示して説明する資料及び情報としては、職務発明に係る相当の利益の内容の決定の際に用いられる資料及び情報が考えられる。この資料及び情報としては、例えば、次に掲げるものが考えられる。

  例1 相当の利益の内容を決定するための基準として、期待利益を採用する場合
    イ 当該職務発明に係る製品の市場規模予測
    ロ 当該職務発明に係る製品の利益率予測

ハ　利益に対する当該職務発明に係る特許権の寄与度予測
　例２　相当の利益の内容を決定するための基準として、売上高等の実績に応じた方式を採用する場合
　　　イ　当該職務発明に係る売上高に関する資料
　　　ロ　当該職務発明に係るライセンス契約の概要と使用者等が受けた実施料その他の利益の内容
　　　ハ　利益に対する当該職務発明に係る特許権の寄与度及び寄与度の根拠
　なお、こうした資料及び情報においては、従業者等が受けた経済上の利益に対して課せられる所得税の取扱いについても明確にすることが望ましい。
　ただし、使用者等その他関係者の営業秘密等の情報を従業者等に対して提示することが問題と判断される場合、その情報を提示する必要はないと考える。

五　基礎資料について
　法第三十五条第五項に基づいて契約、勤務規則その他の定めにおいて相当の利益について定める場合には、その定めたところにより相当の利益を与えることが不合理であると認められるか否かによって、従業者等に与えられるべき相当の利益の内容が異なり得ると考えられる。したがって、使用者等は、この不合理性の判断の基礎となる資料を可能な限り管理し、保管しておくことが望ましいと考えられる。この基礎資料については、例えば、次に掲げるものが考えられる。
　例１　基準の策定に係る基礎資料
　　　イ　基準の策定に至る経緯を示す資料
　　　ロ　使用者等と従業者等との間で、基準の策定について協議が行われた場合には、その議事録、協議に用いた資料、協議への参加者名簿等
　　　ハ　基準の策定に際し、又は基準の策定後に、従業者等に対する説明会を開催した場合には、その議事録、説明に用いた資料、説明会への参加者名簿等
　　　ニ　基準について、使用者等と従業者等との間で合意に至った場合には、その合意の内容を示す資料
　　　ホ　基準の開示が行われている場合には、その日時、開示の方法、開示

　　　　　の状況を示す資料
　　　例2　相当の利益の内容に係る基礎資料
　　　　イ　相当の利益の内容を決定する際に用いた資料
　　　　ロ　相当の利益の内容の決定について、各従業者等へ何らかの説明を行った場合には、それに関する通知書、説明資料その他の資料
　　　　ハ　相当の利益の内容について、使用者等と各従業者等との間で合意に至った場合には、その合意の内容を示す資料
　　　　ニ　相当の利益の内容の決定について、各従業者等から意見を聴取した場合には、その意見の内容を示す資料
　　　　ホ　各従業者等から聴取した意見について、検討を行った場合には、その検討の過程及び結論を示す資料
　　　　ヘ　各従業者等から聴取した意見について、社内の異議申立制度等に基づいて判断がなされた場合には、その経緯及び結論を示す資料
第三　その他
　一　金銭以外の「相当の利益」を与える場合の手続について
　　1　職務発明をした従業者等に与えられる相当の利益には、留学の機会やストックオプション等、金銭以外の経済上の利益も含まれる。この経済上の利益については、経済的価値を有すると評価できるものである必要があり、経済的価値を有すると評価できないもの（例えば、表彰状等のように相手方の名誉を表するだけのもの）は含まれない。なお、相当の利益の付与については、従業者等が職務発明をしたことを理由としていることが必要である。したがって、従業者等が職務発明をしたことと関係なく従業者等に与えられた金銭以外の経済上の利益をもって、相当の利益の付与とすることはできない。
　　2　契約、勤務規則その他の定めにより相当の利益を従業者等に与える際、使用者等は、金銭以外の相当の利益を従業者等に与える場合には、金銭以外の相当の利益として具体的に何が従業者等に与えられることとなるのか、従業者等に理解される程度に示す必要がある。すなわち、使用者等は、協議、開示、意見の聴取といった手続を行うに当たっては、金銭以外の相当の利益として与えられるものを従業者等に理解される程度に具体的に示した上で、当該手続を行う必要がある。
　　3　金銭以外の相当の利益の付与としては、例えば、以下に掲げるものが考

えられる。
- （一） 使用者等負担による留学の機会の付与
- （二） ストックオプションの付与
- （三） 金銭的処遇の向上を伴う昇進又は昇格
- （四） 法令及び就業規則所定の日数・期間を超える有給休暇の付与
- （五） 職務発明に係る特許権についての専用実施権の設定又は通常実施権の許諾

二 基準を改定する場合の手続について
1 基準の改定は、改定される部分については新たな基準を策定するのと同様である。したがって、不合理性の判断において、不合理性が否定される方向に働くようにするためには、基準の改定に際しても従業者等の意見が踏まえられるよう、実質的に改定される部分及び改定により影響が生ずる部分について、使用者等と従業者等との間で協議を行うことが必要である。
2 職務発明に係る権利が使用者等に帰属した時点で相当の利益の請求権が当該職務発明をした従業者等に発生するため、その時点以後に改定された基準は、改定前に使用者等に帰属した職務発明について、原則として適用されない。ただし、使用者等と従業者等との間で、改定された基準を改定前に使用者等に帰属した職務発明に適用して相当の利益を与えることについて、別途個別に合意している場合には、改定後の基準を実質的に適用することは可能であると考えられる。また、改定後の基準を改定前に使用者等に帰属した職務発明について適用することが従業者にとって不利益とならない場合は、改定前に帰属した職務発明に係る相当の利益について、改定後の基準を適用することは許容されるものと考えられる。

三 新入社員等に対する手続について
1 既に策定されている基準に基づいて、使用者等と雇用関係を結ぶ前に基準が策定されていたために協議の相手方とはなっていなかった従業者等（以下「新入社員」という。）との間で使用者等が当該基準に関する話合いを行った場合には、不合理性の判断に係る当該新入社員との協議の状況については、不合理性を否定する方向に働く。また、その話合いの結果、使用者等と新入社員との間で、既に策定されている基準を適用して相当の利益の内容を決定することについて合意するに至った場合には、不合理性の

判断に係る協議の状況については、不合理性をより強く否定する方向に働く。なお、従業者等との協議を通じて策定した基準が社内で既に運用されているという実態及び当該基準が安定的に運用されることが社内の従業者等全体にとって有益であることに鑑みると、当該基準をそのまま適用することを前提に使用者等が新入社員に対して説明を行うとともに、新入社員から質問があれば回答するという方法も、使用者等が新入社員との間で基準に関して行う話合いの一形態であり、当該新入社員との協議の状況について不合理性が否定される方向に働くものと考えられる。

2 既に策定されている基準に基づいて、使用者等が新入社員との間で当該基準に関する話合いを行う場合、新入社員は年間を通して様々な時点で入社することも考えられるため、事務効率等の観点から、例えば、異なる時点で入社した新入社員に対してまとめて当該話合いを行うこともできる。なお、新入社員に対し、入社前に基準が公表されており、当該新入社員は当該基準が適用されることを承認して入社したと評価できるような特別の事情がある場合には、基準について合意している場合と同様に評価される可能性もあると考えられる。

3 新入社員に対して、話合いを行うことなく策定済みの基準を適用する場合には、当該新入社員との関係では協議が行われていないと評価されるものと考えられる。もっとも、基準策定当時は従業者等の地位になかった新入社員と個別的に協議がなされないことは当然であるため、このような場合に、基準策定に関する協議がなかったことだけをもって、直ちに不合理性の判断における協議の状況が不合理性を肯定する方向に働くわけではない。

4 従業者等との間において協議を行わなかった理由等についても、不合理性の判断において考慮要素となり得る。例えば、一般的には、基準を策定した時点で従業者等の地位にあったにもかかわらずあえて協議が行われなかった場合と、基準の策定後に従業者等の地位を得たため協議が行われなかった場合とを比較すれば、前者の方が不合理性をより強く肯定する方向に働くものと考えられる。後者の場合においては、基準の策定に際して、使用者等と新入社員以外の従業者等との間の協議で十分な利益調整がなされ、当事者間の交渉格差が払拭されたときには、当該新入社員との協議の状況について不合理性が否定される方向に働くことがあり得る。

5 　新入社員に対する基準の開示については、職務発明に係る権利の取得時までに当該基準を見ることができる状況にあることを周知していれば、不合理性の判断に係る開示の状況としては、不合理性を否定する方向に働く。なお、例えば、入社前に基準の提示が行われており、当該新入社員は当該基準が適用されることを承認して入社したと評価できるような場合には、不合理性をより強く否定する方向に働く。

6 　派遣労働者については、職務発明の取扱いを明確化する観点から、派遣元企業、派遣先企業、派遣労働者といった関係当事者間で職務発明の取扱いについて契約等の取決めを定めておくことが望ましい。

四　退職者に対する手続について

1 　基準に定める相当の利益の内容が特定の方式で決定されなければならないという制約がないことに鑑みると、退職者に対して相当の利益を退職後も与え続ける方法だけでなく、特許登録時や退職時に相当の利益を一括して与える方法も可能である。

2 　退職者に対する意見の聴取については、退職後だけではなく、退職時に行うことも可能である。例えば、退職時の相当の利益の扱いについてあらかじめ基準に定められている場合において、当該基準による相当の利益の内容の決定に際して、退職時に、従業者等から意見を聴取し、それを踏まえて相当の利益の内容を決定して与えた場合には、当該従業者等に対する意見の聴取はなされたと評価される。

五　中小企業等における手続について

1 　従業者等の数が比較的少ない中小企業等においては、事務効率や費用等の観点から、その企業規模に応じた方法で、協議、開示、意見の聴取といった手続をそれぞれ行うことが考えられる。なお、これらの手続を書面や電子メールで行うことも可能である。

2 　具体的には、中小企業等における協議については、右記「第二　適正な手続　二　協議について　2　協議の方法（二）」に示した方法のうち、事務効率等の観点から、例えば、従業者等の代表者を選任してその代表者と協議する方法ではなく、従業者等を集めて説明会を開催する方法によることが考えられる。

3 　中小企業等における基準の開示については、右記「第二　適正な手続　三　開示について　2　開示の方法（五）」による方法のうち、費用等の観

点から、例えば、イントラネットではなく、従業者等の見やすい場所に書面で掲示する方法によることが考えられる。
4 中小企業等における意見の聴取については、右記「第二 適正な手続 四 意見の聴取について 2 意見の聴取の方法（三）及び（四）」に示した方法のうち、事務効率等の観点から、例えば、発明者である従業者等から聴取した意見について審査を行う社内の異議申立制度が整備されていなくとも、発明者である従業者等から意見を聴取した結果、使用者等と当該従業者等との間で相当の利益の内容の決定について見解の相違が生じた場合は、使用者等が個別に対応する方法によることが考えられる。

六 大学における手続について
1 法第三十五条第一項では使用者等について大学と企業を区別しておらず、大学とその従業者等である教職員との関係においても、教職員のした発明が職務発明であれば同条の規定は当然適用される。したがって、相当の利益について契約、勤務規則その他の定めが整備されていない場合や、その定めたところにより相当の利益を与えることが不合理であると認められる場合には、同条第七項の規定により定められる内容が相当の利益となる。大学とその教職員との関係において、同項の適用を避けるためには、同条第五項の要件を満たす必要がある。
2 大学の各学部や研究所等において従業者等から選出された代表者が職務発明に関する基準の策定に関して大学側と協議を行うことについて、各教職員を正当に代表している場合には、各教職員との間で協議が行われたものと評価される。例えば、協議の過程において、その内容について、各学部や研究所等において従業者等から選出された代表者が会議等を通じて各教職員の意見を聴取しながら協議を進めている場合や、教職員が代表者を選出する際に、選出された代表者が基準の策定について大学側と協議を行うことを了承した上で選出を行ったような場合には、その代表者は、各教職員を正当に代表していると評価できると考えられる。
3 法第三十五条第一項において、職務発明は、「その性質上当該使用者等の業務範囲に属し、かつ、その発明をするに至った行為がその使用者等における従業者等の現在又は過去の職務に属する発明」と規定されている。大学と雇用関係にない学生については、一般的には、従業者等には該当しないため、このような学生がした発明は、職務発明には該当しないと考えら

れる。ただし、特定の研究プロジェクトに参加する学生の中には、大学と契約を締結し、雇用関係が生じている場合もあり得る。このように大学と雇用関係が生じている学生が当該研究プロジェクトの中でした発明は、職務発明に該当すると考えられる。したがって、教職員の職務発明と同様に、相当の利益について契約、勤務規則その他の定めが整備されていない場合や、その定めたところにより相当の利益を与えることが不合理であると認められる場合には、同条第七項の規定により定められる内容が相当の利益となる。大学と雇用関係のある学生との関係においても、同項の適用を避けるためには、同条第五項の要件を満たす必要がある。

第四　職務考案及び職務創作意匠における準用について

　本指針は、職務考案（実用新案法（昭和三十四年法律第百二十三号）第十一条第三項）及び職務創作意匠（意匠法（昭和三十四年法律第百二十五号）第十五条第三項）に準用する。

## 指針に関するQ&A

1 指針の内容について
2 その他①（特許を受ける権利の帰属について）
3 その他②（相当の利益を受ける権利について）

〈1 指針の内容について〉
（主体）
Q1 公的研究機関や病院については、指針のどの項目を参照すればよいですか。
A1 公的研究機関や病院に限らず、どのような種類の使用者等であっても、指針の「第二 適正な手続」をはじめとする指針の項目全般を参照してください。
　　なお、指針においては、公的研究機関専用の項目は特段設けておりません。
（協議）
Q2 協議は、全ての従業者等と個別に行う必要がありますか。
A2 協議は、必ずしも従業者等1人1人と個別に行う必要はありません（なお、基本的には従業者等それぞれに協議に参加する機会を与える必要があるため、いわゆる過半数代表者では足りないものと考えられます。）。
　　例えば、使用者等が一同に会した従業者等と話合いを行ったり、社内イントラネットの掲示板や電子会議等を通じて集団的に話合いを行ったりすることも可能です。また、Q3のとおり代表者を通じて話合いを行うことも可能です。
　　ただし、集団的な話合いに参加した従業者等について、その従業者等が発言しようとしても、実質的に発言の機会が全く与えられていなかった等の特段の事情がある場合には、協議の状況としては不合理と判断されるものと考えられます。

【指針第二・二・2（二） 11頁】

Q3 従業者等が代表者を通じて使用者等と話合いをする場合、どのような手続を踏めば良いのでしょうか。
A3 従業者等が代表者を通じて使用者等と話合いを行う場合には、その代表者

がある従業者等を正当に代表していることが必要です。この正当に代表しているとは、従業者等がその代表者に対して使用者等との協議を委任していることをいいます。この委任は、明示的な委任だけではなく、黙示的な委任であっても良いと考えられます。

【指針第二・二・2（五）　12頁】

Q4　相当の利益を決定するために策定する基準について、使用者等と従業者等との間で合意をして定める必要がありますか。

A4　協議は、使用者等と基準が適用される従業者等又は従業者等の代表者との間で行われる話合いを意味しますが、その話合いの結果、策定される基準について合意をすることまで含んでいるものではありません。

　　もっとも、実質的に協議が尽くされる必要はあると考えられます。

【指針第二・二・3（一）　14頁】

（開示）

Q5　社内にイントラネットがないのですが、どのように基準を開示すれば良いのでしょうか。

A5　従業者等が基準を見ようと思えば見られるような措置がとられていれば良いと考えられます。

　　例えば、従業者等の見やすい場所に掲示する方法や、基準を記載した書面を従業者等に交付する方法等が考えられます。

【指針第二・三・2（五）　19頁】

（意見の聴取）

Q6　意見の聴取は、いつ、誰に対して実施する必要があるのでしょうか。

A6　意見の聴取は、特定の職務発明についての相当の利益の内容の決定に関して、その職務発明をした従業者等から意見を聴くことを言います。

　　意見の聴取の時機については、①あらかじめ従業者等から意見を聴取した上で相当の利益の内容を決定するという場合、②使用者等が基準に基づいて相当の利益を決定した後に、従業者等からその決定について意見を聴くという場合、のいずれであってもよいと考えられます。

【指針第一・一・1（五）　5頁】
【指針第二・四・2（三）　20頁】

Q7　意見の聴取の結果、相当の利益の内容の決定について、使用者等と従業者等との間で個別の合意をする必要がありますか。

A7　意見の聴取は、その結果として相当の内容の決定について使用者等と従業者等との間で個別の合意がなされることまでを求めているものではありません。

　　もっとも、従業者等からの意見に対して、使用者等は真摯に対応する必要はあると考えられます。

【指針第二・四・3（二）22頁】

Q8　社内に異議申立制度を必ず設ける必要がありますか。

A8　異議申立制度を必ず設ける必要はありませんが、上記A6②意見の聴取の方法の1つとして、相当の利益の内容の決定について社内の異議申立制度を整備することが考えられます。

　　このような制度を整備する際は、相当の利益の付与に関する通知を従業者等に送付する際に異議申立窓口の連絡先も併せて通知する等、従業者等に周知徹底し、社内の異議申立制度が有効に機能することを担保することが望ましいと考えられます。

【指針第二・四・3（五）23頁】

（金銭以外の相当の利益）

Q9　金銭以外にどのようなものが「相当の利益」にあたるのでしょうか。

A9　金銭以外の「相当の利益」の付与については、経済的価値を有すると評価できるものであること、及び、従業者等が職務発明をしたことを理由としていることが必要です。

　　具体例としては、
①使用者等負担による留学の機会の付与、
②ストックオプションの付与、
③金銭的処遇の向上を伴う昇進又は昇格
④法令及び就業規則所定の日数・期間を超える有給休暇の付与、
⑤職務発明に係る特許権についての専用実施権の設定又は通常実施権の許諾
等が考えられます。

【指針第三・一・3　28頁】

（基準の改定）

Q10　すでに相当の利益を決定するための基準を設けていますが、今後この基準を改定する場合、どのような手続を行う必要がありますか。

A10　改定される部分については、新たな基準を策定するのと同様の手続が必要

と考えられます。そのため、実質的に改定される部分及び改定により影響が生ずる部分について、使用者等と従業者等との間で協議や開示を行うことが必要です。

【指針第三・二・1　29頁】

Q11　指針が公表された後、社内の職務発明規程を改定しない場合であっても、改めて協議等の手続を指針に沿ってやり直す必要がありますか。

A11　平成27年改正特許法施行前に、協議等の手続を既に行って策定した職務発明規程を社内で既に運用している場合、この既に行った手続が公表された指針に沿った内容であれば、社内の職務発明規程を改定しない場合に改めて協議等の手続をやり直す必要はないと考えられます。

（新入社員）

Q12　新入社員に対しては、協議をどのように行う必要がありますか。

A12　すでに策定されている基準に基づいて、新入社員と話合いを行う必要があると考えられます。

　　　なお、開示や意見の聴取といった手続についても、他の従業者等と同様、行う必要があると考えられます。

【指針第三・三　30頁】

（退職者）

Q13　退職者に対して相当の利益を付与する場合、退職後も必ず与え続けなければならないのでしょうか。

A13　相当の利益の内容は、退職者に対して退職後も与え続ける方法など特定の方式で決定されなければならないという制約はありません。

　　　特許登録時にのみ相当の利益を与えたり、退職者に対して、退職時に相当の利益を一括して与えたりすることも可能です。

【指針第三・四　33頁】

（中小企業）

Q14　中小企業においても、大企業と同様の手続を行う必要がありますか。

A14　事務効率や費用等の観点から、その企業規模に応じた方法で、協議、開示、意見の聴取といった手続をそれぞれ適正に行うことが望ましいものと考えられます。

　　　そのため、大企業と同様の手続を必ずしも行う必要はありません。例えば、開示については、イントラネットが無い企業であれば、従業者等の見や

すい場所に書面で掲示する方法によることも可能です。

【指針第三・五　33頁】

(大学)

Q15　大学の場合でも、代表者と協議を行うことができますか。

A15　大学においても、企業等と同様、従業者等の代表者が、使用者等である大学側と協議を行うことは可能です。

　　　例えば、各学部や研究所等において従業者等から選出された代表者が会議等を通じて各教職員の意見を聴取しながら協議を進めている場合等、その代表者が各教職員を正当に代表している場合には、各教職員から選出された代表者が職務発明に関する基準の策定に関して大学側と協議を行うこともできると考えられます。

【指針第三・六　35頁】

(実用新案・意匠)

Q16　職務考案や職務創作意匠についても、指針に基づいて手続を行う必要がありますか。

A16　指針は、職務考案（実用新案法第11条第3項）及び職務創作意匠（意匠法第15条第3項）に準用されています。

　　　したがって、職務考案や職務創作意匠についても、従業者等に対する相当の利益を付与するにあたっては、指針に基づいて手続を行うことが期待されます。

【指針第四　37頁】

〈2　その他①（特許を受ける権利の帰属について）〉

Q17　契約、勤務規則その他の定めにおいて、あらかじめ使用者等に特許を受ける権利を取得させることとする場合（特許法第35条第3項）、指針に従って協議等の手続を行う必要はありますか。

A17　指針に従って協議等の手続を行う必要があるのは、「相当の利益」の内容を決定するための基準を策定又は改定する場合です。

　　　したがって、契約、勤務規則その他の定めにおいてあらかじめ使用者等に特許を受ける権利を取得させることを定める場合、指針に従って協議等の手続を行う必要はありません。

Q18　使用者等が派遣労働者からいわゆる自由発明（職務発明ではないもの）に

ついて取得することをあらかじめ契約等で定めていた場合、特許法第35条第2項との関係で、当該定めは無効となりますか。

A18 従業者等がした発明が職務発明以外の発明（いわゆる自由発明）である場合、あらかじめ使用者等に特許を受ける権利等を取得等させることを定めた契約等の条項は無効となります（特許法第35条第2項）。

このため、使用者等が従業者等である派遣労働者から自由発明について取得することをあらかじめ契約等で定めていた場合、当該定めは無効となります。

なお、派遣労働者が自由発明を生み出した後に、使用者等が派遣労働者と契約を締結することにより特許を受ける権利を取得することは可能です。

Q19 大学との間で雇用関係にない学生が生み出すいわゆる自由発明（職務発明ではないもの）について、大学が学生から特許を受ける権利を取得する場合、大学と学生との間で契約を締結することは可能ですか。

A19 大学との間で雇用関係にない学生が生み出すいわゆる自由発明（職務発明ではないもの）について、大学が学生から特許を受ける権利を取得する場合、大学と学生との間で当該権利取得に関する契約を締結することは可能です。

権利関係を明確化する観点から、当事者間で契約を書面で締結しておくことは望ましいと考えられます。

Q20 使用者等が従業者等から外国の特許を受ける権利（海外の特許当局に出願する権利）を取得したい場合、どうすればよいですか。

A20 使用者等が従業者等から外国の特許を受ける権利を取得する場合、当事者間で契約を締結することにより、取得することが可能です。

なお、我が国特許法においては、基本的に我が国における特許を受ける権利について定めており、外国の特許を受ける権利については規定しておりません。

〈3　その他②（相当の利益を受ける権利について）〉

Q21 職務発明について使用者等が特許を受ける権利を取得した場合、特許出願せずに営業秘密又はノウハウとしたときであっても、発明者である従業者等に対して相当の利益を付与する必要はありますか。

A21 使用者等が職務発明について特許を受ける権利を取得した場合は、従業者等は相当の利益を受ける権利を有するものと考えられます。

その相当の利益の具体的内容（どういったときに何を付与するか）については、使用者等及び従業者等が、指針に記載の適正な手続に従って、契約、勤務規則その他の定めに基づき決定してください。

---

【参考】
職務発明について使用者等が特許を受ける権利を取得した場合、特許出願せずに営業秘密又はノウハウとしたときであっても、発明者に対して相当の利益を付与する必要があり得ると考えられます（以下の判決も適宜参照してください）。
○平成27年知的財産高等裁判所判決（平成26年（ネ）第10126号）
（※平成16年改正後の特許法第35条（職務発明制度）適用事例）
「(2) 独占的利益の有無について
　使用者等は、職務発明について無償の法定通常実施権を有するから（特許法35条1項）、相当対価の算定の基礎となる使用者等が受けるべき利益の額は、特許権を受ける権利を承継したことにより、他者を排除し、使用者等のみが当該特許権に係る発明を実施できるという利益、すなわち、独占的利益の額である。この独占的利益は、法律上のものに限らず、事実上のものも含まれるから、発明が特許権として成立しておらず、営業秘密又はノウハウとして保持されている場合であっても、生じ得る。…（中略）…本件発明が営業秘密として保持されていることによる独占的利益は、およそ観念し難い。」

# 索　引

## 項目索引

**【ア行】**
異議申立制度　65, 66, 71, 72
（帰属に関する）意思表示　23, 26, 28, 32, 38, 39, 83

**【カ行】**
改善提案　80
共同研究　18, 25, 29
個別（に定めた）契約〔合意〕　25, 27, 48

**【サ行】**
譲渡証／帰属確認証　39, 83, 84, 86
スーパー研究者　25, 48
遡及適用　52
訴訟リスク　38, 39, 49, 50

**【タ行】**
チームへの報奨　32

**【ナ行】**
二重譲渡　18, 29
ノウハウ　74〜80

**【ハ行】**
秘匿（された）発明　13, 20, 73
附帯決議　35

**【ヤ行】**
予約承継（規定）　15, 24, 39

## 判例索引

**【最高裁判所】**
最判平成15年4月22日民集57巻4号477頁〔オリンパス事件〕　19, 78
最判平成18年10月17日判例時報1951号35頁〔日立製作所事件〕　83

**【知的財産高等裁判所】**
知財高判平成27年7月30日〈裁判所ウェブサイト〉〔野村證券事件〕　45, 58, 76

**【地方裁判所】**
東京地判昭和58年12月23日判時1104号120頁〔日本金属加工事件〕　74
東京地判平成16年1月30日判時1852号36頁〔日亜化学工業事件（青色LED事件）〕　20
東京地判平成16年2月24日判時1853号38頁〔味の素事件〕　75
東京地判平成18年1月26日判時1943号85頁〔コニカミノルタホールディングス事件〕　76

**監修**
**片山英二**(かたやま・えいじ)阿部・井窪・片山法律事務所代表パートナー
京都大学工学部、神戸大学法学部卒業。企業勤務の後1984年弁護士登録。1988〜1990年欧米留学研修、1989年米国ニューヨーク州弁護士登録、日弁連知的財産センター元委員長、日本国際知的財産保護協会（AIPPI・Japan）前会長、ミュンヘン知財法センター（MIPLC）教授。知財訴訟、特に数多くの国際特許訴訟に携わる。著書『バイオ関連発明—特許審査・審判の法理と課題』など。

**服部誠**（はっとり・まこと）阿部・井窪・片山法律事務所パートナー
慶応大学法学部卒業。1998年弁護士登録。2001〜2002年経済産業省知的財産政策室勤務。2004年米国ニューヨーク州弁護士登録。日弁連知的財産センター委員。特許侵害訴訟、職務発明に関する訴訟・相談案件等に多く携わる。著書「職務該当性と特許を受ける権利の承継—青色発光ダイオード事件中間判決」（『特許判例百選』〔第4版〕）など。

**編集協力**
経団連・知財協合同職務発明検討プロジェクト　ワーキンググループ

　　　キヤノン ................................ 相田小百合（Q9〜Q11）
　　　武田薬品工業 ........................ 平井真以子（Q14、Q15、Q37）
　　　東レ ........................................ 田中　裕之（Q23〜Q25）
　　　凸版印刷 ................................ 水野　敦（Q3、Q4）
　　　トヨタ自動車 ........................ 樋口　暢宏（Q18〜Q21）
　　　日本経済団体連合会 ............. 牧村　恵利（Q1、Q2、Q5〜Q8、Q12、Q13、Q16、
　　　　　　　　　　　　　　　　　　　　　　　 Q17、Q22、Q32、Q36、Q38、Q39）
　　　日立製作所 ............................ 和田　利昭（Q33〜Q35）
　　　富士通 .................................... 横山　淳一（Q26〜Q28）
　　　三菱電機エンジニアリング... 鈴木　康裕（Q29〜Q31）

　　　　　　　　（社名五十音順、所属は執筆当時、（　）内は執筆項目）

　　知財協：正式名称は一般社団法人日本知的財産協会。約1270社／団体（2016年5月現在）の会員を有する知的財産のユーザー団体。知的財産に関する諸制度の適正な活用及び改善をはかり、もって会員の経営に資するとともに、健全なる技術の進歩及び日本の産業の発展に寄与することを目的とした活動を展開。

## 職務発明制度Q&A
### 平成27年改正特許法・ガイドライン実務対応ポイント

編著者
経団連産業技術本部
監修者
片山英二／服部 誠

発　行
平成28年7月10日　第1刷

発行者
讃井暢子
発行所
経団連出版
〒100-8187　東京都千代田区大手町1-3-2
経団連事業サービス
電話　編集03-6741-0045　販売03-6741-0043

印刷所
平河工業社
©Japan Business Federation 2016, Printed in Japan
ISBN978-4-8185-1603-8 C2034